教育新思维

《“四特”教育系列丛书》编委会 编著

吉林出版集团股份有限公司
全国百佳图书出版单位

图书在版编目（CIP）数据

教育新思维 /《“四特”教育系列丛书》编委会编著．—长春：吉林出版集团股份有限公司，2012.4

（“四特”教育系列丛书 / 庄文中等主编．在故事中升华经典）

ISBN 978-7-5463-8662-1

Ⅰ.①教… Ⅱ.①四… Ⅲ.①中小学教育－通俗读物 Ⅳ.① G63-49

中国版本图书馆 CIP 数据核字（2012）第 044093 号

教育新思维

JIAOYU XIN SIWEI

出 版 人 吴 强

责任编辑 朱子玉 杨 帆

开　　本 690mm × 960mm 1/16

字　　数 250 千字

印　　张 13

版　　次 2012 年 4 月第 1 版

印　　次 2023 年 2 月第 3 次印刷

出　　版 吉林出版集团股份有限公司

发　　行 吉林音像出版社有限责任公司

地　　址 长春市南关区福祉大路 5788 号

电　　话 0431-81629667

印　　刷 三河市燕春印务有限公司

ISBN 978-7-5463-8662-1　　定价：39.80 元

前言

学校教育是个人一生中所受教育最重要组成部分，个人在学校里接受计划性的指导，系统地学习文化知识、社会规范、道德准则和价值观念。学校教育从某种意义上讲，决定着个人社会化的水平和性质，是个体社会化的重要基地。知识经济时代要求社会尊师重教，学校教育越来越受重视，在社会中起到举足轻重的作用。

"四特教育系列丛书"以"特定对象、特别对待、特殊方法、特例分析"为宗旨，立足学校教育与管理，理论结合实践，集多位教育界专家、学者以及一线校长、老师们的教育成果与经验于一体，围绕困扰学校、领导、教师、学生的教育难题，集思广益，多方借鉴，力求全面彻底解决。

本辑为"四特教育系列丛书"之《在故事中升华经典》。

这是一部写给老师的书，因为故事中蕴含着慈爱、和谐、人性的教育方式；这也是一部写给学生的书，因为故事中洒满老师们对学生的温暖、感动、爱意、执着、顽强与刚毅……

教育是一门科学，也是一门艺术，是塑造人心智的高超艺术。对于教育人人都有自己的看法，而这本书中的观点能给人以许多启示。本书还汇集了众多著名教育学家、知名教师的经典教育文论，共同领略著名专家学术研究风范，引领我们进入教改理论与实践前沿，分享最新研究成果，把握创新教学理念脉搏，感悟前瞻性的教学思想。

教育，润物无声，是一种智慧、一种境界、一种追求。教育的这种智慧，这种境界，这种追求，虽然无声无形，但却有踪迹可寻。在教育实践中，那一个个平凡却并不平淡的片段，或呈现出教师解决问题的教育智慧；或记录着教师走出困惑的教学经历；或展现出教师奉献爱心的热忱。回顾那一个又一个生动的教育实践，既是一个沉淀的过程，也是一个升华的过程。

本辑共20分册，具体内容如下：

1.《师生情难忘》

如果我们的人生有一段华美的乐章，那一定来自老师教给我们的7个音符！一天天，一年年，我们在校园里茁壮成长。从懵懂孩童到青春飞扬，然后进入社会大舞台搏击人生。老师谆谆教诲的深情，是我们前行的灯火，给我们温暖、力量和信念……本书选录了100篇发生在师生之间的真情故事。这些平凡而真切的故事，让我们感动，让我们沉思，让我们回忆，让我们心怀敬意和感激……

2.《记忆深处》

翩翩红叶，徐徐飘落，总不忘留给土地柔软与肥沃；涓涓泉水，潺潺流淌，总不忘带给岸边甘甜与欢歌。享受"师生"情，奉献真诚心！让我们把握这份情，让心灵浸润在肥沃的土壤，开出绚烂的花朵；让我们紧守这份爱，让生命谱写圣洁的乐曲，唱出青春的赞歌。

在坎坷的人生道路上，是谁为我们点燃了一盏最明亮的灯；在荆棘的人生旅途中，是谁甘做引路人为我们指明前进的方向……是您，老师，把雨露洒遍大地，把幼苗辛勤哺育！无论记忆多么久远，每当想起老师，依然激情难耐；每当面对熟悉的老师，那一瞬间，那一件小事……总是激起我们对老师久蓄于心的感激……

3.《成长足迹》

这是发生在校园里的平凡而又感人至深的师生故事。因为爱，所以在教育的天空下，才会发生这么多感人的故事，这些也是对教育生命的审问、感怀和确认。这是一部写给老师的书，因为故事中蕴含着慈爱、和谐、人性的教育方式；这也是一部写给学生的书，因为故事中洒满老师们对学生的温暖、感动、爱意、执着、顽强与刚毅……

4.《悸动的心灵》

追忆往事并不是轻而易举的事情，在漫长的教育生涯中发现自己最难忘的某一个瞬间，其实也就像重新获得一种生存的意义一样美妙。这些教育故事也许并不是教育的解决之道，但却是对教育生命的审问、感怀和确认。也许我们更应该在教育中活出自己，也许我们既活在未来更活在无限的过去，在这些纷繁复杂却又素朴平凡的场景中，有最乐意的付出，有泪水和智慧，更有日日夜夜用心抒写因而温润无比的爱。

5.《春暖花开》

教育是一门科学，更是一门艺术。执著并献身于教育，不仅需要大步向前，也需要回头反思。回顾那一个又一个生动的教育实践，既是一个沉淀的过程，也是一个升华的过程。走进本书，这里全是暖暖的爱。

6.《孩子的微笑》

教育，润物无声，是一种智慧、一种境界、一种追求。教育的这种智慧，这种境界，这种追求，虽然无声无形，但却有踪迹可寻。在教育实践中，那一个个平凡却并不平淡的片段，或呈现出教师解决问题的教育智慧；或记录着教师走出困惑的教学经历；或展现出教师奉献爱心的热忱。

7.《故事里的教育智慧》

本书主要关注家庭教育、学校教育及社会教育中家长与孩子、教师与孩子、孩子与孩子之间的故事，它的特色是小故事蕴含大道理。其宗旨是：讲述真实的教育故事，研究深切的教育问题，创生新锐的教育思想，激活精彩的教育行动。其风格是：直面真实，创新为本和故事体裁。

8.《难忘的教育经典故事》

根据家长、教师和孩子的困惑，用各种形式的教育故事讲述一些很明白的道理，引导人用智慧的手段促进人的成长。这些故事或来自国外的或来自一线教学的实践，对于教育类人群均具有启发性。一个个使教师深思的小故事，一个个让学生向善的小故事，让我们教师真正领会生命教育的内涵。从现在开始关注生命的成长，关注人类的发展，关注社会的进步。

9.《中国教育名家印记》

在人类文明的进程中，数不清的教育大家，手擎着大旗，浓书着历史，描绘着蓝图，才有了今日教育的巨大进步。他们站在教育的殿堂里，发出的宏音，留下的足印，历史永远都不应该忘记，也不会忘记。

本书编者放眼中国教育进程，遴选出对教育产生重大影响的国内近百位教育名家，对其生平、教育思想、学术成果等进行介绍评说。

10.《外国教育名家小传》

在人类文明的进程中，数不清的教育大家，手擎着大旗，浓书着历史，描绘着蓝图，才有了今日教育的巨大进步。他们站在教育的殿堂里，发出的宏音，留下的足印，历史永远都不应该忘记，也不会忘记。

本书编者放眼人类教育进程，遴选出对教育产生重大影响的近百位世界教育名家，对其生平、教育思想、学术成果等进行介绍评说。

11.《随手写教育》

什么是良好的教育？教育是诗性的事业？性教育何去何从？是否应该把儿童世界还给儿童？假设陈景润晚生40年……本书汇聚了中国最佳教育随笔，对于和教育相关的各个方面问题都有所畅谈，对于教育者和被教育者来说都有所裨益。

12.《我心思教育》

本书涉及到了教育学众多的重要领域和主题，包括教育的真义、教育的价值、教育与社会、教育与生活、课程与教学、道德教育、师生关系、教师的学习与成长等等。它力图用感性的文字表达理性的思考，用诗意的语言描绘多彩的教育世界，以真挚的情感讴歌人类之爱，以满腔的热情高扬教育的理想与信念。

13.《教育新思维》

本书站在教育思想的前沿，以既解放思想又科学审慎的态度，兼用独特的视角，论述了近年的教育理论新说，涉及“教育呼唤‘以人为本’”、“公民教育”、“素质教育新解读”、“教育公平与政府责任”、“创新人才培养”、“文化传承与创新”、“教育家办学”等热门话题。这些文章，不避偏，不畏难，遵循教育发展规律和中小学生身心发展规律，引领教育理念和教育实践，反思教育行为误区，无不闪烁着思想和智慧的光芒。对于渴望提升自身理论素养的教育工作者来说，这本书值得一读。

14.《名家名师谈教育》

本书使读者在学习和掌握教育理论的同时，领略到文章的理趣、情趣和文趣，既有助于深厚教师的文化底蕴，又有助于帮助广大教师确立对于教育的理想与信念；既有助于培养和激发广大实践工作者的理论兴趣，又能帮助教师生成教育的智慧和提升广大读者对于生活的热爱与柔情。

15.《世界眼光看教育》

本书荟萃了多位世界级教育思想巨擘的主要思想。从皮亚杰的发生认识论、维果茨基的文化—历史理论、布鲁纳的结构主义，加德纳的多元智能一直到诺丁斯的关怀教育思想等等，现当代世界教育思想的发展脉络清晰、准确而完整。

本书既有思想评介，又有论著摘录，无论教育研究人员还是一线教育工作者，均可非常便捷而精准地从中获得思想大师们的生动启迪,加深对当代教育发展特质的深切理解,是教育、教研、教学工作者不可多得的必备工具书。

16.《大师眼中的教育》

这不是一本以教育专家的身份、眼光、学养来谈教育的书。本书各篇文章提供了许多新史实、新观点,为我国教育史和教育理论工作者长期以来对某些历史人物评价的思维定势提供了新的清醒剂。

17.《教育箴言》

名人名言是前入留给我们的精神财富和智慧结晶。阅读它,不仅能丰富知识,陶冶情操,更能为我们的人生之路指引方向。该书着重论述三方面的内容:教育——造福人类的千秋伟业;教师——人类灵魂工程师、育人的典范;师德——塑造教师灵魂的法宝。

18.《百家教育讲坛》

这是一本兼具思想性、可读性和经典价值的教育智慧读本。书中介绍了孔子、卢梭、爱因斯坦、康德、梁启超、杜威、蔡元培、叶圣陶等几十位古今中外思想家、科学家、教育家关于教育的精彩论述,集中回答了教育的本质、教学的艺术、知识之美、教师的职业生活、儿童的成长等问题。探幽析微,居高声远,让我们直窥教育本原之堂奥。归真返璞,正本清源,你会发现,教育,原来可以如此朴素而美好。

19.《名师真经》

本书从专家心理学研究出发,以新教师到专家教师这一成长过程为线索,剖析了教师在专业化发展中出现的主要问题与阶段性特征,动态性是展现了教师成长的内在原因与实质,并有针对性地提出了促进新教师成为专家教师的系列化教学理念、观点与方法,这有助于教育研究者与实践工作者深入理解教师专业发展的规律,有利于在观念层面上树立科学的教师人才观,以制定行之有效的教师培养方法与措施。

20.《师道尊严》

本书意在激励教师以站着的方式获得成功。全书讲述了站着成长的精神、站着成长的思想、站着成长的基础、站着成长的学问和站着成长的行动。全书力求字字诉说教师成长之心声,篇篇探寻教师优秀之根本,章章开启教师幸福之道路。

由于时间、经验的关系,本书在编写等方面,必定存在不足和错误之处,衷心希望各界读者、一线教师及教育界人士批评指正。

编者

目 录
CONTENTS

教育的意义

◇ 刘家用

基础教育课程改革在中国教育界如火如荼地开展着。在我看来，这场改革对于中华民族的伟大复兴和建设自由、开放、多元、民主与法制的社会，有着极其重要的价值。

首先，课程改革有助于改造我们的国民性。几千年来的农耕文明和封建专制统治，使我们中国人形成了过于内向、不善言谈、含蓄清淡、性格拘谨的“众趋人格”。

改造国民性的话题，已经谈论了一个多世纪。鲁迅先生曾说，旧时代的中国人是“两眼下视黄泉，满脸一副死相”，这固然是鲁迅的犀利，但的确也是旧时代广大中国农民的众生相。日出而作、日落而息、整天面朝黄土背朝天的中国农民，在生存的重压下，哪有生命的鲜活和人性的飞扬？尽管我们今天也还不难看到充满愁苦、很不自信的同胞，但毕竟换了人间。由于中国社会的进步，特别是生产方式与生活方式的变化，在国民性上有积极的变化。比如，人们有了更多的法制观念和个人权利的意识，更多的民主参与的意识和能力。

但更为深层和更为彻底的国民性的改造，光有思想领域的呐喊与启蒙是不够的，光有社会生活环境所带来的变化也是不够的，必须改变每个人的人格定型期——即学校生活时期的生活方式，而学习方式就是学生的生存方式和发展方式。

新课程强调学生主动地学习，实质性地参与教学过程；鼓励学生大胆质疑和积极探究；倡导提供给学生更多的实践机会和表现空间；强调学习过程中师生、生生之间更多地互动和合作交流；强调对问题的多角度的理解，鼓励不同观点之间的争鸣与碰撞；提倡发展性评价，力图带给学生更多成功的体验和美好的回忆。新课程力图变“听”的教育为“说”的教育，变“静”的教育为“动”的教育，变“认知”的教育为“认知与情意统一”的教育，变“唯理性”教育为完整的人的教育。所有这些都将有助于学生形成积极、乐观、开朗、服膺真理、勇于承担、敢于创新的民主的性格。

我真诚地希望我们的同胞多一点个性的张扬，少一点自我贬抑；多一份自信与自尊，少一点自轻与自贱；多一点自主判断、自主选择、自主承担，少一点轻信盲从和不负责任；多一点饱含尊严的社会性，少一点奴性和曲意逢迎。这就需要我们去创设充分开放、充满民主与自由精神的校园生活环境，以及一切社会生活环境，以造就我们的自由意志和独立人格。

课程改革的第二个积极意义是推动教师成为探索者。我们的教师队伍中，的确有部分教师是缺乏探索的精神和探索的内在冲动的，因而在教学中更多地表现出依纲靠本，照猫画虎、得过且过、不思进取的行为。而探索是良好教育的必然要素。探索意味着探索者不因循守旧、墨守成规，意味着探索者的大胆尝试、追求卓越，意味着探索者经验的开放性和工作中丰富的动机，因而探索、发现和创新，也是健康人格的重要特征。

教师作为研究者——不仅要研究教学的内容，做课程的开发者，同时要探索有效教学的策略，探索如何创设情境和氛围，如何设计教学活动，如何搭建师生、生生之间交流的平台，如何构筑研究性学习的支持系统，如何评价学习的效果，等等，因为探索使得课堂多一份灵动与飞扬，多一些朝气与活力。

教师的探索影响、引领和激励着学生的探索，课堂生活因为探索而变得悬念迭起、趣味无穷，变得开放、幽深、鲜活和魅力十足，因师生的共同探索，而享有着更高品质的学校生活。

尽管在课程改革中存在着这样那样的问题和弊端，比如缺乏充分的理论准备，急于求成，缺乏严谨的科学态度和实验精神，个别人热衷于“以官员的身份搭台，以学者的身份唱戏，最终是以商人的身份谋利”，也有个别人急于捞取政绩，以便谋取更多的私利，等等。但日月之蚀无损于日月之明，基础教育课程改革的成就必将因具有深远的历史意义而彪炳史册。

正确的教育价值观

◇ 宋福元

一种价值观正确与否，其标准首先看其是否符合时代发展的需要，能否推动国家振兴和社会进步。那么什么是正确的教育价值观呢？答案应该从我国的社会主义教育的任务和教育方针中去寻找。我国教育的性质、任务及教育方针的确立，为我们树立正确的教育价值观指明了方向。学校的教育教学活动必须达到以下几方面的要求，或者说，正确的教育价值观的价值取向由以下几方面构成。

第一，要完成科学知识的讲授和社会经验的传递，发展学生智育；

第二，要发展学生的智能和体能，使学生拥有能力，掌握个人生存和为社会服务的本领；

第三，要重视学生操作能力、动手能力、实践能力的培养，在理论和实践结合上掌握知识，学习技术，获得方法；

第四，要对学生进行思想教育，逐步使学生树立正确的世界观、科学的人生观，形成良好的道德品质、行为习惯，树立与市场经济相适应的思想和品格。

作为教育工作者，树立正确的教育价值观，就是要以上述四个方面的要求作为自己行为的选取目标和原则，作为教师的教学活动尤其要这样。只有这样，教师的教学活动才能出效益，出质量，才是有用的付出，才是有意义的劳动。

因为种种原因，教育教学活动的价值取向还存在一些不正确或不全面的现象。最普遍的一种教育价值观，认为教学活动就在于知识和技能，或者认为知识传授就等于能力培养、品德形成，因而对能力培养、智力开发及思想教育忽略或重视不够，在教学行为上，表现为只重教而轻学。

在许多教学理论著作里，把立足点大都放在“教”而忽视“学”。许多教师的教学及教研活动，也大都按此办理，其结果是有相当一部分学生，只能获得一些现成的知识，而没有学会学习。

在生产和科技出现重大革命、知识量急剧膨胀，更新过程日益缩短的情况下，教学有了更高的要求。要求教学不能只满足学生学得现成的知识，而应着力发展学生的智能，掌握学习本领，切实教会学生会学习。这样，才能为学生打下牢固的发展基础，具备今后发展创新的条件。所以教师的真正本领，主要不在于会传授知识，而在于会组织学生的认知活动，掌握自我学习、自我发展的本领。

教育该追求什么？

◇ 佚　名

知道朱永新已经很久了，2002 年起在全国开展的新教育实验就是他的主张，这个实验有“营造书香校园”、“师生共写随笔”、“聆听窗外声音”、“双语口才训练”、“建设数码社区”、“构筑理想课堂”等六大行动，听起来很诱人。但是在教育实验遍地开花，人心变得浮躁功利的今天，我已经不会再盲目迷恋或者崇拜谁了，所以，对于朱永新，我也没有太多的探究欲望。

记忆中的苏州，有江南闻名的园林，但也就像江南的园林，精致却少了大气。而近几年苏州在经济上的腾飞，完全颠覆了我记忆中的印象。很多的新闻媒体在探究苏州现象的时候，都会提到苏州的教育，这就让我不由地对苏州教育的掌舵者——苏州市副市长朱永新刮目相看。终于坐下来，翻开在书柜里躺了很久的《我的教育理想》，点击鼠标，搜索朱永新……如沉闷在水底很久的鱼儿呼吸到了新鲜空气，如笼中的小鸟看到了美丽的风景，如一缕阳光照射了我的心灵，我一下子变得鲜活起来。我兴奋，我激动。很久没有那份感动和激情了，我心中涌动着一股冲动。在科技迅猛发展的今天，工具理性坚实地成为了社会的主导和主流，彻底地改变了我们的生活。在物质文明呈几何级数成长的同时，人文精神发展却受到了很大制约。在媒体上吵得沸沸扬扬的，前有金华的徐力杀母，后有清华学生硫酸泼熊事件，复旦学子虐猫事件，从极端事件中折射出具体而真实的生命存在状态。人类发展的终极目标究竟是什么？任何一个有社会责任感的人都会关心人类自身的命运，关心文明和文化的传承，教育工作者更应扪心自问：我们究竟荒芜了什么？丢弃了什么？

成长于 80 年代后的大部分孩子，在其成长的时代，正是电视网络大举进军的时代，他们没有去用心品读一些世界名著，去了解历史、了解人类社会，更没有去品味人生，可以说他们是在一种缺少人文精神的教育氛围中成长起来的。这也是很多极端事件发生的根源。

在朱永新倡导的教育实验六个行动中有一个非常关键的行动——“师生共写随笔”。所谓“师生共写随笔”，就是倡导师生立足于每一天的教育、学习生活，在写随笔（日记）的过程中，体验生活，反思自己，促进超越自我。有人把写日记称之为“道德长跑”，我看不仅如此。试想，我们的老师如果每天坚持写一篇千字文，写10年就是写了3650多篇，就有300多万字了。教书育人怎么可能不得心应手？苏霍姆林斯基在《给教师的一百条建议》中说：“如果一位内行教师、富有创造性的教师在结束其一生的创造活动时，把他在长年劳动和探索中的一切成就都带进坟墓的话，那将失掉多少珍贵的教育财富啊！”对于教师而言，教育随笔（日记）是教育者进行思考和创作的一种重要形式，是“批判反思型教师”成长的必由之路。对于学生而言，日记可以记录成长的履痕、反思自己的行为、倾诉心中的秘密。这是一个心灵的窗口、灵魂的寓所、青春的阳台，是一笔人生的精神财富。无论是教师还是学生，为了写得精彩，就必须做得精彩、活得精彩。慢慢养成习惯，阅读、思考、写作便成为教师和学生的日常生活方式，终身受益。而教师的写作对于学生的影响非常之大，只有教师坚持了，才能鼓励学生真正地坚持下去。当然，写只是形式，但写带动的却是阅读，是思考，是实践。阅读滋养底气，思考带来灵气，实践造就才气。

国学大师季羡林有一句名言：一流的学生不是教师在课堂里面教出来的，而是在一流大师所创造的学术氛围里熏陶出来的。我想：能让学生自觉而主动地思考，自由而生动地思想，深入而深刻地思辨，这才是成功的教育，这不仅是朱永新的教育理想，也应该成为每个教育工作者的教育理想。哦，不对，应该成为每个教育者的教育实践和追求。

教育者与受教育者

◇吴　松

从哲学的意义上讲，教育者与受教育者的问题，乃是教育的主体与客体的问题，因而也应当是探讨教育思想所思考的问题。

在人们的常识中，理所当然的，教育者就是教师，受教育者就是学生。但是，细细琢磨起来，教育者与教师，受教育者与学生，还是有区别的。大体说来，在外延上，教育者和受教育者分别比教师和学生宽泛得多；在内涵上，教育者和受教育者，又分别比教师和学生深广、厚实得多。而且，单就教育者和受教育者两个概念而言，社会成员眼中的教育者形象与本体意义上的教育者的内涵、教育者与教育家、标准化教育体制中的受教育者与本体意义上的受教育者等等，也都是完全不同的。思考这些问题，连同思考与这些问题相关的适应与创新问题，对于将教育思想的讨论和教育改革的实践推向深入，都不是可有可无的。

一、社会成员眼中的教育者形象

在我们的教育体系中，教育者往往被看作是掌握了某种知识、文化乃至真理的人。这种看法，像与生俱来的某种力量的惯性，深深地埋藏在人们的心中。经过群体的默认和长期的积淀，已经形成了一种集体无意识。

由此，教育者被社会赋予重要的责任，社会对其寄予维护或塑造社会良知的厚望。他们像黑夜中执掌明灯的人，被默认为“暗”和“亮”的中介。“暗”，一方面隐喻知识、文化、道德、思想等范畴，在受教育者的个人心中尚未彰显，另一方面，隐喻受教育者的认知水平还处于蒙昧、蛮横之时的那种无知的混沌；“亮”，就是“无知”的混沌状态，走向了“有知”的澄明。

教育者在普通人心中这种“执掌明灯者”的形象，或中介者的角色，在幼儿的心中已经表现得非常明了。一个对父母苦口婆心的劝告置若罔闻的孩子，往往对幼儿园阿姨的教导十分在心，这是众所周知的。这种情况，并不表明孩子不爱他们的父母，而是因为孩子的心中，教师是超越世俗层面的知识、智慧、荣誉的源泉。而父母的角色，则是他们与世俗社会联系的另外一个中介。如果把学校教育从孩子们的日常生活中分离开，那么在琐碎的日常生活的各个领域，父母在孩子们心中的地位，当然是不可替代的。

事实上，无论在任何教育体制中，教师总是充当着引领者的角色，在修道院或教会学校，教师的这种引领者的角色显得更为明显。由于教师的存在，学校便成了传道、授业、解惑的主要场所。无论从学校的性质、层次抑或教育的目的来看，教师在教育过程中，都处于核心地位。

这是对学校教育中，作为教育者即教师这个群体的普遍看法。但是，这种看法，还不能为单个人的教师所使用，形象生动地出现在我们的脑海之中，换句话说，从日常生活的境遇出发，我们面对的永远是单个的人，而不是一个模糊的群体。这样，从不同的视角看到的教师形象，便从教育者的群体中分离出来。当“教师”这个概念的外延缩小到单个的人的限度时，他的内涵就变得非常丰富，有血有肉。受教育者，总是通过单个的人去理解所有的人，通过单个的教师，去理解所有的教师。群体显现在个体当中。所以，当人们对一个群体寄予厚望时，他们对这个群体中每一个个人的期望值，就高于其他普遍的人。观察的目光来自人群，来自每个角落，观察者总是忘记了教师也是一个个普通的人。

受教育者一旦进入学校，他们就会深受某种教育体制和教师个人智慧、道德、气质的影响。教师要么身体力行，以智慧、知识、道义的力量，成为学生人生价值、生活准则的象征；要么作为工具，成为不同的时代，不同的体制思想、体制话语的传声筒，唯恐学生从着装、言行到灵魂都不能保持整齐划一的规范性，唯恐个人气质太过张显而伤害了群体；要么把自己当作演员，表演的时候，自己的思想、品行藏而不露，表演的内容因时、因地、因人而变化无穷。

不管在什么社会条件下，教师的角色，总是社会成员业精神面貌的样板之一。教师的品行和精神内涵，代表着社会的文明程度。社会文明的核心，说到底是精神文明，也就是人的解放。没有精神文明，物质文明就毫无价值。一个社会是否彻底腐败，就看它的教育是否腐败。如果教育没有腐败，那么，腐败仍然只能算是局部的。而衡量教育是否腐败的主要尺码，就是看教师的社会形象如何。如果“执掌明灯者”的引领者的形象消失了，人们不再相信教师这个群体能传授知识、启迪智慧、张扬道义和公正。毫无疑问，那个社会已经陷入了深深的危机中。

诚然，一个时代的创造力，与教师这个群体的精神面貌、心理健康水平有着十分密切的关系。因为创造者的心理健康水平，直接受到学校生活的影响。创造者要把他们的智慧以某种形式表现出来，需要精神力量才能实现，而这种力量需要与社会成员之间的交流，需要有意义的价值取向的确认和道义的支持。

二、作为普通人的教育家

杰出的教育家、优秀的教师在教育活动中，永远是一个怀疑论者；当然是蒙田、休谟式的怀疑。表现在，这些人不但怀疑陈旧的知识、根深蒂固的思维模式、习以为常的各种管理体制，而且，还会怀疑各种教育思想的可靠性，以及自身作为一个教育者的行为。没有怀疑这一出发点，教育者就难免受谬误的驱使；遇到具体的事件发生，就缺乏思考和判断能力。

杰出的教育家、优秀的教师会追问，在教育活动中，什么样的教师，才能使理想中的真正的教育得以实现？世界上有没有一种教育，是与本体的教育、教育的真理相吻合的？他们的这种追问，往往以自己的生命作为代价，以自己的良知和智慧作为衡量教育准则的尺度。追问是他们的生活方式。在此过程中，符合自己的经验、价值、气度和风格的教育理念逐渐形成。

但是，真正杰出的教育家，还必须懂得，无论自己的教育思想多么富有生机勃勃的力量，都会打上时代的烙印，并且有着个人的局限。一旦有了这种自觉的精神，他的眼界就会更为开阔，从而更易接纳别人的思想。

这样一来，真正优秀的教育家，就能够以一颗平常心，去思考、理解苏格拉底、柏拉图、孔孟等伟人的教育家的生活方式及其思想；就能跨越时空的局限，把他们看作自己最亲切的伙伴，确认他们是自己心灵中一直在寻找的那种人。这种人最真诚，最富有想象力，最热爱人类。正因为如此，他们的智慧，才闪亮着人性的光辉。他们的思想、情感和智慧，也只有在亲近者的心灵空间中，才会得到最为完美的显现。当然，在狭窄的心灵空间中，也会显现一些局部的光泽，但那往往是支离破碎的。

有一点是肯定的，即会引经据典、头头是道地说着历史上伟大的教育家的思想的人，并不一定真正理解其思想。因为人类的思想史提醒我们，任何一种伟大的思想在传播过程中，都有可能成为“赝品”的标签，断章取义和改头换面，搅乱了真诚的心灵对伟大思想家的亲近，生存的恐惧和小利益的驱使，败坏了追随者的思想品质。

有一点也是肯定的，即使是苏格拉底、柏拉图、孔子、孟子这样的人物，也不曾拥有过作为本体的教育的真理。最理解、最尊敬他们的人也只能说，他们的思想和行为接近了教育的真理，领会到了教育的本质，仰望到了教育不朽的真理之光。原因是没有一种本体的真理，曾经、正在或即将为个人所拥有。智者从不同的侧面，不同的道路接近真理，获得真理的神性。本体的真理性永远高于单个的人。真理是整体性与个体性的完美显现。教育家对高于单个人的思维范式的真理充满渴望。他很明白，他的努力只是在亲近真理的过程中获得真理性。所以，教育家的心灵永远保持着谦卑、永远是一个倾听者，而不是发号施令的人。

从人的角度来讲，真理性即人性。教育家对忘却的人性的不断追问，是教育活动的轴心；对人性中童真的追忆，是激情和价值的源泉。老子、海德格尔这样的哲学家，就是以追忆过去的方式，来确立现在和将来的。教育家未必是获得官位的人，但教育家肯定是普通人中的一员。如果一个身居某种职位的教育家，清楚地明白自己是教育者而不是官员时，那么他会被教育的精神感召，去为教育事业作出贡献；而相反，只能说明他已经被权利和荣誉腐蚀殆尽。

教育的过程，就好比人生的过程，一旦有了一个出发点，人就有了各种各样的可能性。一个人不能同时走两条路，也不能再次同时踏进同一条河流。这一点，真正的教育家是十分清楚的。所以一旦上路，成为周围人的先知者，他就会比周围的任何人，都能勇敢地去捍卫某种价值和尊严。

三、标准化教育体制中的受教育者

在任何一个不健全的社会中，学校教育都深受其害。在此社会之中，教育者和受教育者都是受害者，但受害程度最深的，还是作为受教育的学生。因为学生在学校教育中，总是处于被动的地位。

似乎有一种不成文的认识习惯，把学生当作天生无知的人，似乎学生被送进学校，就是要改变无知的认知状态，通过学习、灌输，使他们从无知进步到“有知”。就连学生本人，也把自己摆在无知的地位。好像进学校去受教育，就是心甘情愿地把自己本来健全的身心交出去，任凭自以为掌握了知识法宝、智慧钥匙的教师进行重新设计，重新塑造。

即使一些敏感的学生，发现自己的天性受到了蒙蔽，但也只有忍受。因为学生们知道，将来适应社会需要，是他们来学校接受教育的一个重要目的。他们知道，在一个庸常的社会里，趋同性比起创造性来更为安全。趋同可能保护自己，而创造则往往是“异端”的行为。所以，创造的风险要大得多。

于是，学校或迫于各种压力，或自觉地贯彻了工具理性的教育观。学校成了培养标准化人才的工厂，一条条生产线不停地生产，一批批标准化的人才被源源不断地投向市场。当这一批批人才走入社会后，工具理性就会像无形的蚜虫一样，去蚕食社会健康的叶子。

就教育的本质而言，培养标准化人才的学校教育，是违背人性的。在标准化的教育当中，学生凸现出来的个性和创造力，被生产线上锋利的钢刀削除了。

标准化教育的特点，主要表现在从考试到对学生的各种评价，都要求整齐划一。这种体制是不会考虑个体的特殊性的。这势必造成学生人格的分裂。因为，学生已成为冠冕堂皇的学校教育体制的被压迫者。这种无形的、对学生个性、创造性的压制，是通过教师来实现的，教师要么没有觉察，要么同样被困于体制中而无能为力。

标准化教育的体制由于组织严密、力量强大，教师和学生都无力与之抗衡，于是，不得不寻找对付的策略。前苏联的教育体制，就是这样的一种教育体制。事实告诉我们，在诸如前苏联那种教育体制中，受教育者人格的分裂是必然的。学生渐渐地懂得了，体制源于生活，是生活的表现，在生活中，必须有“两手”才有安全感，这是深受生活教育的经验总结。受教育者懂得，无论在卷面上表达观点，还是置身于学校日常生活中，真正的自我都必须隐藏起来，至少是部分隐藏起来，而那个适应体制的虚构的我，则充当着活动的主角。这是标准化教育体制的真正悲哀之处。

由于个体精神在标准化教育体制中十分渺小，个人性格和气质的真实表现得羞羞答答，所以，创造性和创新能力就无从谈起。

创造性和创造力，既是一种天性，又是一种品质，除了个别殉道者之外，普通人需要在自由的环境中，才敢于张扬这种个性，拥有这种品质。

四、适应与创新

从文化传承的角度来看，在教育环节中适应是至关重要的。没有哪一个群体，哪一批社会成员，能脱离历史文化的影响而存在。这种影响，表现在语言、习俗、知识、观念、思维方式等几乎所有的领域。可以说，适应，既是教育的一个出发点，又是贯穿教育过程的主要内容。事实上，不论对老师还是学生而言，适应的过程自始至终都是存在着的。

不管翻开人类文化的哪一面，察看人类精神性的哪一个侧面，了解哪一位思想家，适应都是一种必然。这就好比一个人想进入一栋陌生的房子，他总是想到了门，然后是楼梯和门中之门。这是经验在起作用，经验来自常识，来自人们对房子的共同理解。这个经验表明，个人在自觉地适应着全体人所共同拥有的东西。

对于现实中的单个人来说，任何人都是后来者。任何人都需要去适应每一种文明遗产，因为任何人都只是历史长河中的一滴水，一滴水是无法重新开掘另外一条河道的。适应文明遗产的过程，不是使自己消失，恰恰相反，那正是发现自己的过程。只有先发现自己的存在，才能发现人类历史的存在。历史一方面存在于个人的心灵空间中，另一方面，存在于文化和知识自身构建的世界当中。人类的历史，无疑是人的历史和人在文本中建构的历史的结合，但历史并不是随时显明的，它总是虚静的，隐蔽的。

在教育活动中，无论教师或学生，无论天才还是普通人，他们要适应的东西，总要大于创新的东西。从某种方面来说，教师和学生的合作，适应和创新的结合，正是教育存在的依据。不过，适应是一个层面，而创新，则是另一具更高的层面。一般的教师和学生，都只能到达适应的层面，巨大的文化遗产和丰富的知识积累，已经使适应者难于自拔。总的来说，需要智慧促成的思想、文化、知识的创新，只有少数人才能做到。这少数人，第一是适应者，第二是智力超群的人，第三是须有勇者披荆斩棘，直捣龙门的气质的人。

适应和创新的观念，直接影响着学校教育的设计。基础教育，多数形式的高等教育，是在适应的层面上办学，学校培养的对象，主要是各种层次的从业人员。教学的任务，是传授普通知识和训练基本技能，这是学习层面的适应；教育的目标，是适应社会，这是功用层面的适应。学习层面的适应和功用层面的适应合而为一，形成了适应层面的教育。

这样，我们可以把教育活动，分为适应层面的教育和创新层面的教育。以适应社会为目标的适应层面的教育，往往把学校看作孩子咿呀学步的地方，看作象牙塔，而把社会看作一个本体的、深不可测的海洋。人们常常能听到这样的警告：如果不好好学，将来就无法适应社会，就会吃亏。意思是说，在浅水中不好好训练的小鱼，是非常危险的，将来游到大海中，就有可能被鲨鱼吃掉。事实上，这种警告也的确很有道理，因为不是任何人都有能力改变残酷的现实。即使在当今发达的社会，为适应社会而培养就业者的教育，也仍然方兴未艾。

适应层面的教育，是日常生活的准备，是为个人的日常生活服务的。而创新层面的教育，本身就是一种生活方式。创新本身就是目的，而不是手段。就一般情况而言，由于创新只在适应文明遗产的长途跋涉过程中完成，所以，学校教育中的创新，不管是教育本身的创新，还是思想、文化、知识的创新，一般都要由大学来承担。优秀的大学教育的出发点，应建立在创新教育的层面上，以创新的理念作为大学精神的骨架，但同时，这样的大学，也从来不会忘记为全体人民提供受教育的机会。优秀的大学，是适应与创新两个层面的教育充分结合的典范，是教育者和受教育者合作的典范。在教育者和受教育者身上，体现着“全面发展的人”的教育理想。优秀的大学从全体民众中选拔精英，使他们肩负起人类文化的传承和创新的责任，所以，优秀的大学既向社会敞开胸怀，又以其精神和价值取向对社会施加影响。

新型教师应具备的素质

◇ 田宗学

在课程改革的大潮中，教师面临许多新情况，新问题。如何将课程理念落实在具体的教学实践中，如何用教学实践去验证课程标准的指导思想，这些问题都是现代教师面临的严峻挑战。新课程提倡自主、合作、探究的学习方式，新的教育形势也对教师素质提出了更高更全面的要求。那么，在新改革的背景下，新型教师重要的素质表现在哪些方面呢？

一、形成完备的新课程改革教育理念

教育理念是教师在深入理解教育工作的基础上所形成的关于教育的基本观点和信念。有无职业理念是专业人员与非专业人员的重要区别。教师有明确的教育理念后，便可高度自觉地富有责任感的去进行自己从事的教育事业。

教师要具备尽快适应新的课程改革的能力。首先，必须认真学习现代教育理论，特别是素质教育、创新教育和基础教育改革方面的理论，转变传统的教育思想和观念、了解新课程改革的诞生背景。当今国际上几种活跃的教育思潮如“以人为本”、“教育是一种唤醒”、“教育应关心人、尊重人、发展人”等观点已被认同。这是学习社会化与终身学习的思潮，这些教育观念，拓展了学习的时间和空间，强调了学习态度、情感及学习方法的重要性，所以，作为一名教师对这些理念应有所了解。具体到课程实施时，新课程特别推崇两种理论，一种是多元智力理论，还有一种是建构主义理论，这些教师必须去重点理解。

其次，教师要会调整自己的角色，改变传统的教育方式。教师要由传统意义的知识传授者和学生管理者转变为学生发展的促进者和帮助者；由简单的教书匠转变为实践的研究者和研究的实践者；由教学活动的主角转变为学生学习的指导者和配合者。在教育方法上，也要体现出以人为本，以学生为中心，让学生真正成为学习的主人而不是知识的奴隶。在课堂教学中，教师应帮助学生反思自我，唤起学生成长的渴望，帮助学生寻找、搜集和利用学习资源，设计恰当的学习活动，帮助学生发现他们所学的实际意义，营造和维持学习过程中积极的心理氛围，帮助学生对学习过程和结构进行评价，并促进评价的内化。教师要善于捕捉和激发学生思想的火花和学习的灵感，发现和挖掘学生发展的潜能。

二、具备创造性使用教材的能力

教师专业知识结构具有复合型，表现在具有比较宽广的科学和人文素养，以及当代重要的工具性学科的知识和技能，教师的专业知识具有一定的开放性和实践性。教师要认识教育对象，并具有开展教育活动和研究所需要的教育学科的知识和技能，教师对其把握不能只停留在学科水平上，还要学会综合运用，而创造性使用教材是一名新型教师应具备的基本素质。很多优秀教师的教学经验证明，只有创造性地使用教材，才可能实现教学内容和教学方法与手段的完美统一；才能使教材的普遍性同本地区教学实践的特殊性实现有机结合；才能最大限度地满足学生对学习内容、教学方法的需求，充分调动教学双方的积极性，提高教学效率。

其具体要求是：(1) 要求教师进一步树立课程意识，以新的课程观（学生观、教材观、课程资源观）来重新审视、规划教学目标、内容和方法，以更高、更宽的眼光来设计教学、看待学生，而不仅仅局限于教材和一时的教学效果。(2) 教师在创造性使用教材中应充分认识教学目标的重要性。每节课、每次活动都应有明确的教学目标，否则容易形式化——为活动而活动，为体验而体验，为了创造性地使用教材而轻率、刻意地去更改教材内容，等等。教学手段与教学目标和谐一致的原则是创造性使用教材的基本着眼点与归宿。

教育是充满智慧的创造性工作，而非仅仅按照既定的程序操作的简单机械运动，教师专业智慧是个素养综合运用的产物，也是教育教学经验积累升华的结晶。教师只有具备教育智慧，才能感受教育工作对人的挑战，在战胜挑战中实现智慧的超越，并进而享受教育工作的魅力。

三、具备掌握现代信息技术的能力

当代社会，科学技术日新月异。计算机和信息科学技术智能化、信息网络全球化、国民经济信息化的时代已经到来，将信息技术作为现代教学手段势在必行。21 世纪，“文盲的概念将发生根本的变化，不会使用计算机等先进工具或不会检索、处理和利用信息资源的人将成为‘信息时代’的新文盲特征。”科技的现代信息技术已走入校园为现代教育服务，教师必须迅速适应科学发展的形势，学习、掌握一定的现代教育技术手段，“一本书，一张嘴，一支粉笔，一堂课”已不适应现代教育的要求。

四、具备科研能力

为了培养出高素质的人才，广大教师要善于把自己的育人经验，通过系统总结上升为理性认识。这是教书育人活动所必须的，也是教育者素质的标志之一。具备一定的科研能力，一方面教育者对自己主管或任教的专业学科的历史、现状应有较全面的了解，要学习研究本国、本省、本地区的教育历史，了解当地教育发展的历程，还要掌握国内外教育科研动态及发展趋势；另一方面，积极钻研教育科学及关联的科学知识，如教育学、教育社会学、教育心理学等，通过理论指导教育教学实践，找出规律性的育人方法，掌握人的成长发育规律。

苏霍姆林斯基说过：“如果你想让教师的劳动能够给教师带来乐趣，使天天上课不至于变成一种单调乏味的义务，那你就应当引导每一位教师走上从事研究这条幸福的道路上来。”教育科研能力是基础教师教育所必备的能力。现代教师要从经验型转向科研型，要成为新的教育思想、教育理论、教育内容、教育对象、教育方法和教育实践者和研究者，为提高教学水平，培养适应社会发展的创造性人才能力，那种“教教材”的“教书匠”的传统做法已不适应现代教育的需要。高效率地提高学生素质，迫切地呼吁着教师的创新智慧。所以，教师必须以研究者的姿态，进行教育教学并在不断的研究与探索中，有所发现，有所创造。

五、应拥有相应的专业能力

其一是理解他人和与他人交往的能力。这是教师有效实现与学生的双向沟通所必需的，也是教育日益社会化和社会日益教育化的今天显得不可缺少的。教师教育对象是人，需要教师与学生之间进行精神的沟通，情感的交流，引导学生健康活泼地成长。同时，教师也是工作群体的一员，要有与同事融洽相处，合作共事的能力。教育不仅涉及学校，同时还涉及到家庭及社会，所以教师还应具备有与家长、社区有关人员沟通与合作的能力，从而形成教育全面进行有效地工作。

其二是组织管理能力。一般的教育工作以班为单位，教师要发挥学生群体对个体的教育作用，使每一位学生在群体生活中得到施展才能及适应群体生活等方面的锻炼，就要有管理班级和领导教育教学活动的能力。

六、具备学习的能力

勤于学习，充实自我，这是当今做好一名教师的基础。我们作为一个教师，跟其他专家不一样，需要各方面的知识，一个知识面不广的教师很难真正给学生以人格的感召。孩子年龄越小，他们对教师的期望就越高，他就越把教师当成是百科全书。在他们眼里教师是无所不知的，如果教师是一问三不知，他们就非常失望。所以教师要完善自己的知识结构，做一个知识渊博型的教师。如今是现代教育时代，我们要不断学习掌握现代教育技术，成为能运用网络信息资源实现教学过程最优化的教师。联合国教科文组织对新文盲的定义是：现代文盲是不能识别现代信息符号、图表的人，不能应用计算机进行信息交流与管理的人。作为一名有现代教育意识的中学教师要与时俱进，掌握计算机和网络信息技术，为我们的教学服务。

未来社会是一个学习化的社会，要求教师成为终身的学习者。瑞士的查尔斯、赫梅尔曾指出："终身教育是唯一能够适应现代人，适应生活在转变中的世界和变动社会中的人的教育。这样的人必须使自己能够不断地适应新情况。"把握时代的脉搏和教育改革的方向，教师必须树立终身学习的观念，提高自己的学习能力，才能时时充电不断更新自己的教育观念、知识结构，掌握科学的教育方法，提高教学效率，适应现代教育的需要。

七、具有职业敏感性

作为一名优秀教师，除了具有广博的知识、多元的能力之外，还应具备反应敏捷、精力充沛的内在素质。就像新闻记者善于捕捉稍纵即逝的新闻镜头，富有新闻敏感一样，优秀教师也应有自己的职业敏感，它是教师在长期的教育生涯中形成的。学生思想上的细微火花，脸上流露出的异样神情，口中一句不经意的言语，生活中的些许异常行为……这些看似平常的小细节，并不会引起常人的注意，但是，它却能触动优秀教师那根敏感的职业神经，成为他工作的突破口。他能够见微知著，明察秋毫，把问题消灭在萌芽状态之中。

八、要有强烈的责任感

教育部部长周济认为至少面临三项责任：一是岗位责任，就是要爱岗敬业，教书育人，为人师表，这是教师职业的本质特征。二是社会责任，人民群众把子女送到学校，就是把家庭美好的希望寄托给了学校，我们教师有责任把学生教育好、保护好、培养好，有责任让家长放心满意，有责任促进教育公平，促进构建和谐社会。三是国家责任，我国是一个有 13 亿人口的大国，现代化建设的宏伟目标要求将沉重的人口负担转化为巨大的人力资源，这个转化工作主要依靠教育来承担，这是广大教师和教育工作者对民族、对未来所肩负的重要责任。

九、要有无私奉献的爱心

首先，爱学生就要了解他们。了解他们的爱好和才能，了解他们的个性特点，了解他们的精神世界。其次，爱学生就是要公平对待所有学生。再次、爱学生就是要尊重他们的人格和创造精神，与他们平等相处，用自己的信任与关切激发他们的求知欲和创造欲。

十、要具有优良的心理素质、保持健康的体格

教师心理素质如何，直接关系到学校育人的成效。实事求是的理智态度，勇于探索的进取精神，健康稳定的情绪体验，构成了教师心理品质的核心。然而据调查，师范在校生仍存在着严重的心理问题，如“学习厌恶症”、“考试恐惧症”、脆弱、自卑、压抑、恼怒等，并由此导致个别心理失衡、认识失调、行为失范，还有自伤和伤人现象等。所以，对师范生进行耐挫、磨炼等心理教育迫在眉睫，不可懈怠。

再次，教师的工作没有健康的体格是难以胜任的，特别是中年教师正是育人经验丰富，肩负重任的时候。教师本人应重视劳逸结合，加强身体锻炼。此外各级党政部门应当十分关心教师的待遇和生活问题，要从物质生活等各方面保障教师有个健康的体格，以适应繁重脑力劳动的需要。

总之，新课程的改革，对教师提出了教育专业工作者的要求，那就是教师要成为学生成长的引领者，学生潜能的唤醒者，学生知识建构的促进者，教育艺术的探索者，校本课程的开发者。作为21世纪的新型教师，我们要不断地在实践中学习，在实践中摸索，在实践中完善。

教师应具备的素养

◇ 佚　名

“教师是人类灵魂的工程师，必须努力提高自己的思想政治素质和业务水平；热爱教育事业，教书育人，为人师表；精心组织教学，积极参加教育改革，不断提高教学质量。”这是《纲要》对教师素质的要求。21世纪，根据教师角色特征和职业特点以及教师的劳动特点，对教师的素养提出了更高的要求。那么在21世纪，教师应具备哪些素养呢？

一、师德修养

德为师之本，高尚的师德是教师敬业乐教的动力，是贯彻党的教育方针，提高教育教学质量的保证。师德高尚，教师才能在学生心目中树立起神圣形象。因此，教师必须严于律己，为人师表，用高度的责任心和工作热情，去真诚地热爱教育事业，热爱学生，在工作中倾注全部精力，真正做到干一行、专一行、精一行。

1. 热爱教育事业。

我国教师所从事的是人民的教育事业，教育事业是为国家培养社会主义接班人和建设者，为社会主义现代化建设培养人才的重要阵地。他关系到国家的振兴、民族素质的提高。教育事业是一个伟大的事业。教育事业是造就人、培养人的事业，它使人摆脱愚昧，走向文明，教人学会做人、学会生活、学会生存、学会学习。这是一个崇高的事业。每一个投身于这一事业的人，都应该感到无上光荣，都应该为之倾注毕生精力，都应像孔子那样做到学而不厌、诲人不倦，像陶行知那样“捧着一颗心来，不带半根草去”。对教育事业要有较高的责任感，提倡终身从教的乐业精神，严谨执教的敬业精神，不甘落后的进取精神，不计得失的奉献精神。要正确认识教育事业对祖国以及人类未来的巨大作用。忠于人民的教育事业是教师做好教育工作的强大动力和精神支柱。

2. 热爱学生。

热爱学生是教师搞好教学工作的前提。爱生不仅是一种教育手段，更是教师高尚道德品质的表现。教师热爱学生在教育过程中起着十分重要的作用。师爱能使学生产生愉快的心理体验和幸福感，是学生身心健康成长的重要因素。师爱也是学生人格健康发展的条件。师爱会影响到学生对世间情态、人情冷暖的感受与体验，他们会把这种积极的情感体验迁移到对他人的信任、尊敬和热爱上。相反，厌恶学生，使学生受到不公正的待遇，甚至遭到教师的漫骂、讽刺和打击，就会使他们过早地体验人生的残酷，人情的淡薄，就会滋长学生冷漠甚至畸形的心态，产生不健康的心理。而且师爱还可以换来学生的爱，小学生往往因为喜欢教师而对教师所教的课程感兴趣，并努力学好它。所以师爱可以产生"爱屋及乌"的效果。因此，教师应以高尚的教育伦理，宽阔的胸怀，去热爱学生，去塑造学生的人生。热爱学生应将对学生的爱与严格要求结合起来，还要将爱与尊重、信任学生相结合，尊重学生的人格，保护学生的自尊心和自信心。只有全面关心学生的学习及身心健康发展，才能成为学生人生道路上的引路人，培养出健康成长，和谐发展的高素质人才。

3. 为人师表。

孔子曾说："其身正，不令而行；其身不正，虽令不从"。教师是学生直观的、活生生的榜样。高尚的品格情操会给人以很大的影响，尤其是小学生，他们善于模仿，教育者的一言一行、一举一动都会给他们留下深刻的印象，教师的思想品德、治学态度、行为习惯都对学生产生潜移默化的影响。"不能正其身，如正人何?"因此，教师必须严于律己。言行一致，举止文明，为人师表，使自己的一言一行都符合《中小学教师职业道德规范》的各项要求。教师要注重自己的言行，以自己的言行举止和气质性格，潜移默化地影响学生，做到身教重于言教。教师还应具有宽广坦荡的胸怀，良好的品格，严谨的作风，只有这样才能正人、正己。教师在教育教学过程中要高度自觉，进行严格的自我监控，保持情绪积极、稳定，以自己积极的情绪营造良好的教学心理氛围，不能把自己的消极情绪带给学生。

二、知识修养

今天，我们所面临的是一个“知识激增”的时代，科学技术不断发展、新知识不断涌现，教育改革日益深入，课程、教材也在不断地更新，这些都促使教师要勤于学习，孜孜以求，广泛涉猎，兼收并蓄，严谨治学，精益求精，从而不断提高自己的科学文化素质，这是一个教师搞好教育教学工作的基础。

1. 要具有较高的政治思想觉悟和比较系统的马列主义素养。

“学高为人师，身正为人范”。教师是社会主义精神文明的传播者，是学生健康成长的指导者和引路人。我们要培养学生树立坚定的社会主义、共产主义理想信念以及自强不息的民族精神等，教师首先要具有较高的政治思想觉悟、系统的马列主义理论修养。马列主义理论修养不仅关系到教师自身的工作方向，更关系到培养出来的人具有什么样的政治方向和思想意识，形成怎样的世界观的问题。为此，教师必须讲政治、讲正气、讲奉献；必须认真学习马列主义、毛泽东思想和邓小平理论，坚持坚定的政治方向，树立正确的世界观、人生观；及时了解党的路线、方针、政策，学会用马克思列宁主义的基本立场、观点和方法去发现问题、认识问题和解决问题；坚持用马克思主义的基本立场、观点、方法去教育人、塑造人，从而在不断的学习和实践中提高自己的政治思想素质。这样，才能明确自身发展的目标，找准实现人生价值的坐标，为发展祖国的教育事业而奋斗。

2. 要有精深的专业知识。

教师为了完成好所承担的教学任务，必须精通该学科领域的专业知识。所谓精，就是要对所教专业的知识深钻吃透，准确把握，具有扎扎实实的基本功；所谓深，就是要比学生高出几筹，深入几分，做到教一知十或教一知百；教师只有对所教学科在知识体系上融会贯通，才能在教学中重点突出，脉络清楚、深入浅出，通俗易懂。因此，教师应通过不断地学习，掌握该学科的基本知识和基本技能，以及该学科的基本理论和学科体系，了解该学科最新的研究成果和研究发展动向，尽量使自己具有精深的专业知识，形成合理的知识结构，坚实的知识基础和扎实的教学基本功，真正成为历史文化的传播者，学生求知的促进者。

3. 广博的文化基础知识和教育科学知识。

教师的专业知识应建立在广博的文化知识修养的基础上。因为科学知识的日益融合和渗透要求教师不断拓展自己的知识面，教师只精通本专业，知识面狭窄，难以满足学生多方面需要，也影响教师自身在学生中的威望。现代科学文化知识浩如烟海，教师只凭原来在学校学到的知识是远远不够的。教师要给学生一杯水，自己首先必须有"长流水"、"新鲜水"，所以，教师必须具有广阔的知识视野、渊博的学识，方可居高临下，游刃有余。为此，作为一名教师，除了具备一定的专业知识外，还要广泛涉猎其他领域的重要知识，做到文理渗透、中外渗透、古今渗透。从而提高工作效率，取得最佳教育教学效果。

三、能力素养

一个教师的政治思想道德素养和科学文化素养都要通过能力素养来发展和实现，特别是教育教学能力的高低，决定着教师的政治思想素养和科学文化素养在教育教学过程中能否得到有效的发挥，所以，能力素养是衡量教师素质的关键。

1. 了解学生的能力。

教师只有了解学生，才能使教育工作有的放矢，取得预期的效果。为此，教师必须善于捕捉学生真实的思想，及时了解学生的内心世界和心理特点，根据学生的语言、表情、姿态、行为等方面表露出来的情态，准确的判断学生的思想活动，作出迅速而正确的处理。

2. 教育教学能力。

教育能力是指教师在教育教学活动中，运用教育理论、德育理论、心理学知识等，对学生进行政治思想、道德品质教育的能力；教学能力则是指教师的教学基本功以及在教学论的指导下进行学科教学的能力。教育能力与教学能力总是有机地结合在一起，共同发挥作用的，它是教师道德、知识、智慧得以充分发挥的凭借，是一个教师应具备的能力中的主要能力。在教育工作方面教师要善于协调各种教育因素，形成统一的教育力量。教师要提高自己的教育教学能力，就要积极参加岗位练兵活动，苦练过硬的基本功，树立终身教育观念，积极参加继续教育活动；还要勇于实践，大胆创新，成为熟练的把握所教学科的教学行家里手，形成自己独特的风格。

3. 语言表达能力。

教师的语言表达能力在教师的能力结构中占有特殊的地位。因为语言，特别是口头语言是教师向学生传递教育信息的重要工具。教师的语言表达能力除了语音准确、语汇丰富、表达连贯、语音机敏等一般特点之外，还必须体现教育教学工作的特殊要求。具体而言，对教师语言表达的要求有：①准确、简练、具有科学性，要求教师做到发音规范，用语适当，表达确切、通俗易懂；②清晰、流畅、具有逻辑性，要求教师讲话条理清楚、脉络分明，推理严密；③教师要借助语调、语速、姿态、表情、手势等非语言手段传递信息，配合语言，增强教育效果。

4. 教育科研能力。

教育科研能力主要指教师能够应用教育科学理论和实验方法，研究、探索及解决教育教学工作中出现的理论与实际问题的能力。一个教师只会传授知识，只能算做教书匠，而教书匠是不能培养出全面发展的高素质人才的。现代教育需要教师具有教育科研的意识和一定的教育科研能力，作专家型教师。教师应该在完成教育任务的前提下，积极参加教改和教研活动，悉心研究、认真探讨诸如教学模式、教学方法、教学内容和学生学习等方面的各种问题，研究和总结教育经验，不断提高自己的教育科研能力。并将研究探索的成果应用于自己的实践，以提高教育教学的效率和质量。

四、心理素养

过去，评价教师的优劣，往往更多着眼于政治素质、业务素质、工作态度，至多再考察一下身体素质，却很少注意心理素质，这是很不全面的。在教学工作中，常常由此而造成一些严重影响教学效果的失误。例如，某些学历较高，在学科研究方面有造诣的教师，虽然兴趣狭隘、性格呆板、缺少热情，却仍被视为优秀教师。其结果是，他们的学生往往不能够被教师激发起学习兴趣，学生的各方面能力得不到应有的发展。还有一些教师虽然兢兢业业，起早贪黑的工作，但对学生冷酷无情、严厉苛刻、缺乏师爱，以无限加码为工作特点，由于他们常常能拿出较高的分数，也被“理所当然”地视为优秀教师。其结果是学生往往带着各种各样的心灵创伤在学习，视学习为惩罚，视师生关系为敌对，严重扭曲了青少年的身心发展。一个优秀的教师，不仅要在政治思想、业务能力方面有较高的素养，还应具有良好的心理素养。心理学家指出：只有心理健康的教师，才能胜任教书育人的神圣使命。教师的心理素质是教师搞好教育工作的重要条件，是培养学生成材的可靠保证，是在教师长期的教育实践中逐步培养和形成的。归结起来，教师应具有广博的兴趣、热烈的情感和坚强的意志等心理素质。

1. 广博的兴趣。

具有广博的兴趣是教师创造性地完成教育工作的重要动力。因此，教师要广泛地涉猎相关知识。只有具备广泛而丰富的兴趣，才能熟悉学生的身心发展特点、掌握学生的个性特征；才能了解学生的学习情况、兴趣爱好、生活习惯等；才能研究、探索并掌握先进的教育教学方法。

2. 热烈深厚的情感。

教师的情感不仅能推动教师积极地工作，而且能直接感染学生，影响教育过程。只有具备深厚而热烈的情感，教师才能深深热爱教育事业，挚爱学生；才能有源于内心的不尽的动力，掌握打开学生心灵的钥匙；才能在教育工作中，使整个人都属于教育事业，属于学生。

3. 坚强的意志。

教师坚强的意志品质是顺利而有效地进行教育工作的保证，也是学生学习的榜样。只有具备坚强的意志，教师才能跨越各方面的障碍，不因困难而退缩，才能以自身的行为陶冶学生的情操，才能坚持不懈地去努力，去实现教育目标。这样，才能为学生树立一个意志坚强，勇于奋斗的榜样！

肖川关于生命教育的演讲

◇佚　名

目前，关于生命教育的研究在我国呈现出方兴未艾之势，关注生命、尊重生命、珍爱生命、欣赏生命、成全生命、敬畏生命，已经成为一些有识之士研究的课题，甚至成了为之奋斗终生的事业。北京师范大学博士生导师肖川教授，无疑是其中一个引人关注的教育专家，在生命教育的层次与内涵、方向与方法等方面，都有着独到的见解。

生命教育的三个层次

当今,由于研究者的理论水平不一、研究视角不同,对于生命教育的内涵也就有了不同的解说。肖川教授通过长期的研究,认为生命教育具有以下三个层次——

1. 生命教育的第一个层次：生命教育作为教育的价值追求。

肖川认为，生命教育作为教育的价值追求，首要的意义在于：对人的尊重，必须落在对于个体生命的尊重，个体生命的独特性、唯一性的尊重。一切以牺牲个体生命为代价而换取的所谓“大业”、所谓“圆满”，不管它冠以何种美妙的名字，其正当性都是值得怀疑的。一切以“虚幻的共同体”的名义，对于人作出牺牲的要求都是缺乏其存在的合理性的。

正是基于这种思考，肖川认为，我们的教育不仅要对学生的升学考试负责，更要对学生一生的生命质量负责。如果只关注考试得好不好，就无异于画地为牢、削足适履，由此培养出来的只能是鼠目寸光、兴趣狭窄、内心贫乏、对人类苦难和外部世界报以冷漠的人。

肖川认为，学生生命质量的高下与尊重其需求休戚相关。学生有探究的需要、获得新的体验的需要、获得认可与欣赏的需要、责任承担的需要等。

人是万物之灵，每一个生命个体与生俱来都有这几个方面的需要。关注和尊重学生的需要是教育取得成功的必要条件。学生的这些需要为教育中提倡探究性学习，重视过程性目标，强调形成性评价，注重使学生获得积极的情感体验，关注态度、价值观的形成，培养学生对于他人与社会的责任意识和责任能力，提供了人类学和心理学的依据。

肖川同时非常关注教师的生命成长，因为在传统教育中，教师的教学并不是直接关注学生的，甚至包括学生在内都是围绕着教材等教育中介转圈。生命教育则要求教育更直接地作用于“生命”，要求教师和学生将着眼点从生命之外的“物”转回到滋生的生命存在、生命成长；而不是仅将希望寄予外界的各种虚幻和诱惑。因而，生命教育的对象首先应该是教师，只有教师通过不断地学习、再学习，树立积极向上的教育理念，才能真正关爱生命，呵护生命之花的成长。

2. 生命教育的第二个层次：为了生命主体的自由和幸福所进行的生命化的教育。

肖川认为，教育过程具有怎样的性质是至关重要的，因为目标的实现有赖于过程，学生的人格品质也是在过程中形成的。如果学校生活本身是令人压抑的、枯燥无味的、充满了对人的不信任和不尊重的，那么，即使目标再好，也只能是镜花水月、空中楼阁。也正因为教育过程本身的性质决定着学生的实际发展，优质教育一定建基于师生的善好生活。

肖川认为，作为生命化的教育，生命教育强调用生命去温暖生命，用生命去呵护生命，用生命去撞击生命，用生命去滋润生命，用生命去灿烂生命。在生命的根基上确定起人的内在的不可让度的尊严，树立起生命神圣的观念。因此，它理应充分体现人的生命活力美，使人生美好而高尚，让人“诗意地栖居在大地上”，使人的生命之树茁壮成长，生命之花灿烂开放，生命之火熠熠燃烧，生命之水欢畅奔流，从而使自己的生命世界呈现出光彩夺目的景象，拥有一个无比美好的人生。

既然如此，课堂就不是窒息学生灵性与健康发展的地方，而应当充满关注生命的气息，使其生命的活力充分地涌流，智慧之花尽情地绽放。而且这种“道法自然”的生命成长，不应是短期行为，而应当成为教学一以贯之的自觉追求。然而，在现实教育教学中，漠视生命、轻贱生命，甚至是践踏与摧残生命的事时有发生，这就更加让人感到生命教育的必要与迫切。

肖川正是基于对生命教育的一种历史担当，才在全国许多地方的报告中大声疾呼——给学生一些权利，让他们自己去选择；给学生一些机会，让他们自己去把握；给学生一些困难，让他们自己去面对；给学生一些问题，让他们自己去解决；给学生一些条件，让他们自己去创造！真正高扬起生命的价值，反复吟唱生命的礼赞，让每一个人都能感受到生命积极的存在状态——投入、倾注、热力四射、兴味盎然。

3. 生命教育的第三个层次：

作为教育的实践领域，也就是学生的学习领域。肖川认为，生命教育是一个有着明确的价值追求而又涵括着多重主题的教育实践领域，因而是地方课程与校本课程开发与建设的重要主题和领域。这些领域和主题包括：让儿童远离意外伤害的教育，如熟悉安全防护标志、火灾和地震演习；意外伤害的救护和自我救护；了解个体生命的成长历程，如青春期教育；艾滋病和毒品预防教育；珍爱生命与预防自杀；自尊、自信与直率性格的培养；生命情怀的养育；临终关怀与死亡教育；人权教育——公民的人身权利，文化与社会权利；以保护生物多样性为目的的生态环境教育；国防与世界和平教育等等。

当前个人的生命状况并不乐观

谈起当前教育的形势，肖川对记者说，适逢教育改革的黄金时期，各种各样的教育改革以不同的名称呈现出来，特别是新课程改革在很多地方开展得更是如火如荼。但是，教育领域的小敲小打、缝缝补补虽然对教育的发展能够有所助益，但是教育原有的根本性的东西并没有真正触及，具体个人的生命状况并不乐观。我们的教育无助于学生生命尊严的提升，却有愧于学生生命尊严的失落。人和动物的最大区别在于人是自为存在的，而动物是自然存在的。自为存在就是人能够真实地感知自己的存在和存在状态，能够在这种存在状态中对“我”形成自知。这种自知是生命尊严的基础，自知的程度与人的尊严感成正比。比如，智障患者的尊严感就比常人低。所以，我们的教育有责任提升人正确自知的能力。

与生命教育相悖的是，目前自杀现象非但没有减少，反而有愈演愈烈之势。作为生命教育研究的专家，肖川尤其关注中学生的自杀问题，他深感这一现象背后的学校、家庭和社会对生命教育的漠视。他从各种媒体的报道中注意到：每年高考、中考前后，关于中学生自杀的报道便会骤然增多。2005年4月30日，高考在即，北京延庆县一中高三学生郭某因害怕考不上大学被父亲责骂，在学校扎死一名同学后自杀；6月13日，中考前一天，广州某中学初三女生阿珊，忽然觉得“活着没意思”，在家里喝下致命的药物；6月27日，合肥市一名高三女生因高考成绩不理想，哭泣着跳入汹涌的河流……

肖川认为，以上事件并非“黑色高考”前后的特殊案例，如果在互联网上搜索一下“中学生自杀”，便会显示出27万余条信息。据卫生部近期公布的调查结果显示，15岁到34岁人群死亡的第一原因不是医学上束手无策的什么疑难病症，而是自杀。况且，自杀者年龄也越来越低龄化。

据肖川讲，2004年，北京大学儿童青少年卫生研究所在北京选取了11所有代表性的重点、普通和职业中学，对初一到高二年级的4622名学生进行了意外伤害和自杀相关行为的调查，发现特别想自杀的中学生占到17.4%，而为自杀做过计划的学生约占4.9%。而且，中学生的自杀发生率呈上升趋势。根据学生自己的报告，导致中学生轻生的前两位原因，分别为学习压力占34%、个人情感问题占30%。众所周知，学习压力大，是当前中学生存在的最严重的心理问题。因教师不尊重学生、课业任务繁重、竞争激烈、父母期望值过高等，使得学生的精神压力和心理负担越来越大。

肖川认为，贴近生命的需要，揭示生命的真相，引领成长的方向，探寻生命的意义，成全生命的价值，应该成为全部教育的追求。生命是上天赐给我们最丰盛的礼物，我们应当珍惜它，善待它，活得丰富，活得光彩，活得有力。

肖川很动情地说，没有人能阻止你更多地爱自己，爱自己最好的方法就是使自己变得更加完美。我们期待着通过生命教育，使学校变得更有吸引力；通过生命教育，使个性变得丰富而舒展；通过生命教育，使人格变得正直而强健；通过生命教育，幸福从此熙熙攘攘，溢满心房。所以，教师的一项重要职责，就在于创造一种安全、愉快与和谐的学习环境，保持一个充满赞扬和肯定的环境，使学生感到安全，受到鼓励，得到尊重和富于挑战。

关注儿童生活的意趣。肖川认为，生活是人的生命赖以表达、展开与充实的形式，生命质量是代表着一个人全部生活的术语，不仅是个人生活的部分，而且应该是个人生活的全部内涵。对于与生命质量相关的儿童生活，肖川通过研究，认为应该包括以下几个层面：

一是自然、自发的生活——表现儿童内在冲动、童真与童趣的活动，非强制性和组织化的生活。

二是教育情境中生活——教育者自觉创设的情境与活动，服务于儿童的成长与发展。

不论是自然的、自发的生活，还是教育情境中的生活，都应努力做到：远离危险与意外伤害，确保儿童的安全与健康。学校与校外教育机构都有对儿童进行监护的职能。

三是主动、快乐地生活——儿童的生活是儿童自己的生活，是自由自在的生活，理当没有禁锢，没有恐吓，没有强制，没有苛严的规训；它远离功利，拒绝媚俗，服从兴趣，关注当下。

四是理智地生活——儿童激情有余，理智不足，容易冲动，常常将幻想与现实混淆，这是其心理活动的主要特点。让儿童学会计划、规划、设计活动，学会合理地期待，是理智生活品质的要求，这样才可能使儿童学会有责任感地生活。五是有创意地生活——不满足于现状，总是试图去改变；不满足于单调的、简单重复的生活，穷尽可能性，换一种方式，在寻求改变中体味生活的乐趣。

肖川认为，生活总是与对生活的感受相联系的，儿童的生活也不例外。我们应当引导儿童接纳生活、品味生活，感知生命的复杂性、偶然性和神秘性，培养儿童对于生命的庄严感、神秘感与敬畏感。

学校是一种社会机构，它的文化精神决定着它的品质。学校就应该笑声朗朗，书声琅琅，歌声琅琅。让校园生活成为每一个人终身美好记忆的巨大源泉。

肖川认为评判学校好坏的依据，不是看什么资料或者听什么汇报，而是看教师与学生的精神面貌。一所好的学校，教师与学生总是精神饱满，充满自信，眼里闪烁着智慧的光芒。相反，不好的学校里的教师与学生总是死气沉沉、灰头土脸、垂头丧气，显得非常疲惫和倦怠。

评价一节课好与不好，肖川认为也有一个非常直观的标准，那就是看学生快乐不快乐。学校不同于军营，更不同于监狱，也不同于医院，学校应该是人的闪光点最大化的地方。在这片文化之地里，教师要有书卷气，学生要亲近书籍。要言之，师生在生命成长中，享受到的是生命的快乐。

为一个民主、自由、公正、文明的社会培养人

当代哲学家罗尔斯说："自由平等和充分介人社会合作是公民的两个基本要素。"肖川认为，罗尔斯的此论颇有道理。他说，宪法的真正意义是保护公民权益，制约政府的。公民不是草民，不是贱民，也不是小民，他们不应当受到漠视，应当在提升他们的素养方面下工夫，从而使他们拥有权利。这样，他们的生活就会变得充实起来。一个民主的政体会赋予每个公民更多的权利和责任。所以，教育不仅要开发学生谋生与自立的能力，教育也需要为一个民主、自由、公正、文明的社会培养人。

肖川认为，在现代民主政治的观念中，法律所具有的理性权威是没有什么人可以超越其上的。任何社会里的政府都有权威，但法制所要求的政府权威是置于法律之下的权威。这是现代政治文明的重要特征。法为维护人的尊严和保障人的权利而生，政府的重要责任之一，也是要支持和帮助公民实现法定权利。由此看来，法与政府是应当有共同的价值趋向的。从宪法修正案新增加的"国家尊重和保障人权"和"公民的合法的私有财产不受侵犯"的重要内容中，都坚实地传递出这样的信息：中国社会迎来了以人为本的春天！

政治民主是一种社会进步与文明的标志，公民享有其应有的参与政治的权利，有一个充分利益诉求的场合。所以，肖川说，民主不仅仅是重要的生产力，也关乎到每一个人生命的尊严。法律面前人人平等，法律之内人人自主，法律之上没有权威，这是法制社会的四条是基本的原则。社会上的弱势群体有失落感和被剥夺感，他们被剥夺的不仅仅是财富，还有社会地位、发展机会、教育与文化的机会和政治权利。

肖川深切地感到，中国人比较讲亲情，不太讲博爱，而缺乏以博爱为精神底色的亲情也就难免打上世俗与功利的印记，从而变得不那么纯粹、博大和厚重。自古以来，我们的社会中就弥漫着对强者的仇恨和对弱者的歧视，充满着对特权的追逐和眼热，而对于公平与正义的呼求和呼唤，是那样的稀缺和微弱。人类世界是由一个个生命组成的，因此，一个健康的社会必然要将生命看得高过一切。有鉴于此，在我们的教育中，着力培植生命意识，高扬生命情怀，对于我们文化和国民性的改造，无疑是十分必要的。

肖川认为，教育、个人、社会这三者可以构成一个等边三角形，这三者之间有非常复杂的关系。我们的教育需要服务于个人，我们强调生命教育，强调为幸福人生奠基，我们的教育也需要服务于社会。因此，我们强调公民教育，强调为自由、民主的社会培养人，学校应该成为社会民主的雏形。教育的努力能够使每一个人成为独立的、自主的、主动的、开放的个体，这才是社会进步最根本的力量源泉。个人成为最终的价值源泉，任何人或集团都无权决定另外一个人的情形应当怎样，所谓“共同利益”只能是个人偏好集合过程即民主过程的结果。

肖川说，当我们有更多的教师具有现代民主政治的观念时，我们就有可能更着重培养学生清楚、准确地表达自己的观点，强调推理过程，注意分析和思辨，通过理性、合法的方式表达自己的利益诉求，真正自觉地为一个自由的社会培养人。同时，我们在看待许多问题时也会有新的视界。比如，让我们的子孙后代铭记那段悲惨的、屈辱的历史，是我们教育者的责任。外国侵略者固然可恨，但同样可恨甚至更为可恨的是引狼入室的专制统治者。专制统治者们为了一己之利，钳制思想，推行愚民政策，使得中国日益贫弱。他们愚昧昏庸，在与列强打交道时，授人以柄，引狼入室，自取其辱。历史的经验告诉我们：只有民主，才能使一个国家走向富强和文明。

接受优质教育是提升生命质量的必由之路

肖川在研究生命教育的时候发现一个问题：一个人受的教育越好，其生命质量也就越高。他说，一个受过优质教育的人，或许没有英俊的外表和娇媚的容颜，但却自然朴实、乐观自信、不卑不亢，能够平等地与所有人交往；或许并不高大，却有人格的挺拔与伟岸、坚定的意志、强烈的责任感和不依不饶的品格；或许没有机会干大事，但却以饱满的热情和潜心的投人去做小事；或许既没有显赫的身世，也没有超人的才智，他并不耀眼，并不引人注目，但却能悦纳自我，友爱他人，易于领导与合作。要言之，这种人严正而又宽容，深邃而又单纯，执著又而潇洒，真诚而又练达，勤勉又从容，刚毅又柔情，豪放又儒雅，平实而又不断追求人生更高的生命境界。

肖川并不认为获得了某种学位、学历的人就一定是受过优质教育的人。他说，生活中并不缺少没有受过教育的政坛名流、商界大亨，但他们却欲壑难填，为富不仁，因为他们没有强烈而深刻的精神需要；更不缺少没有受过教育的大腕明星，他们的自我膨胀往往会污损别人的尊严，这多源于缺乏健康的趣味和心性的修养；我们的生活中有一些所谓的专家、教授，他们知道做一些事情，却不知道为何做这些事情，因为他们缺乏深厚的理性精神，缺乏坚定的信仰，缺乏道义的承担。

肖川更为担忧的是，现实生活中有更多没受过教育的生活在社会底层的人，他们没有足够谋生的技能，没有发育健全的心智能力，没有收集处理信息的能力，没有体面和充分表达内心真实愿望的能力，更不用说平等和充分地参与公共事务的决策和管理的能力了。他们甚至没有现代社会公民必备的权利意识和公共意识，甚至没有健康生活的基本知识和技能。他们缺少的太多、太多！然而，没有人有权利去责备他们，他们是我们心中深深的痛。

肖川非常感慨地说："没有任何一国受过良好教育的人民是贫穷的，也没有任何一国没有受过良好教育的人民是不贫穷的。在民智开齐的地方，经济发展自然水到渠成。"

对于生命个体来说，还有什么比受到优质的教育更重要的呢？

那么，什么是优质教育呢？所谓优质教育，一定是能够使学生形成阳光般的心态和健康人格的，是能够提高学生的自尊和自信的，能够使学生内心变得越来越充实和富有力量的。优质教育一定是学校资源的配置富有效率和效益的，学校生活中充满了对所有学生的深切关注，没有人被忽视和被遗弃。

优质教育并不单是升学率高的教育，因为一所学校升学率的高低，受许多因素的影响，其中非常重要的是生源质量。大量的研究业已表明，影响学生学业成绩的最重要的因素是学生的家庭文化背景，其次才是教师的素质，第三才是学校的课程与硬件设施。优质教育从其目标追求来说，那就是真正去为学生的幸福人生奠基，为一个好的社会培养好的公民。教育是最应该富有正义感和最应该有良知的事业。教育是最应该充满对于美好人生和美好社会的理想的。假如教育失却理想，我们还能有什么？没有理想的教育也许可以是高效的，但绝不可能是具有精神的高度的。

优质教育从其教育过程的品质来说，是充满关注生命的气息的，是能够让生命的活力充分涌流的，是能够让智慧之花尽情绽放的。教育过程中充满谅解和同情，教师能够帮助学生缓解考试的焦虑和学习的压力；教师在工作中能够做到劳逸结合，更多地给自己积极的心理暗示，团队成员和师生之间的相互激励；着力提高课堂教学的效率，真正实现有效教学；在学校的全部生活中能够充满了细节的关怀。

从其效果来看，优质教育一定是能够促进学生自主发展、和谐发展、有个性的发展和可持续发展的教育。许多地方将考上清华、北大的人数作为评价一所学校办学质量的指标，其导向的错误性是显而易见的。且不说清华、北大是“盛名之下，其实难副”，问题的关键是考试不见得会创新，因为考试检测的主要是知识掌握的熟练程度，考试要求一定的回答问题的速度，这个速度往往与熟练程度有关，所谓“熟能生巧”；而创新并不一定需要思维敏捷性的品质，却很需要原创性和深刻性的品质，而这两种品质是在有时间限制的纸笔相加的考试中不易检测出来的。即使考试试卷设计得很好，但更多的只能检测出解决问题的能力，而不是发现问题的能力。而对于学术和技术创新来说，发现问题的能力是更本质、更重要也更高级的能力。

善好生活是师生现实的、具体的生活过程的内在特质，而不是宏大的、抽象的伦理道德的训诫。学校是师生生活、工作和学习的世界。学校应该是放飞心灵和舒展个性的地方。优质教育一定源于善好生活，也一定为了善好生活。

所以，生命教育的一项历史使命，就是让我们更多的人成为受过优质教育的人。这样，命运的改变就不仅仅是那些作为弱势群体的人们个人的事情，改变的将是整个国家的命运、民族的命运，改变的将是我们所有人的生活品质。

公民教育：时代诉求和历史责任

◇李　萍

党的十七大报告把“加强公民意识教育，树立社会主义民主法治、自由平等、公平正义理念”，确定为发展社会主义民主政治的一项重大任务，这是我们党在领导中国特色社会主义事业进入一个新的历史阶段，对社会主义民主政治建设作出的又一重大部署。毫无疑问，公民教育应承担起责无旁贷的使命。

历史进程的回顾。众所周知，追溯公民概念发生的历史源头，当以古希腊城邦共同体的公民（Polites）发生最早。因而在西方，公民教育有着相当长的历史，尤其是伴随着工业文明、商品社会及民族国家的兴起，公民教育成为西方公民社会培育合格公民的基本途径。

在历史上，中国社会长期处于主要以农业文明为基础的社会形态，生产力落后，商品经济极不发达，因此，从根本上缺乏建立公民社会、实行公民教育的土壤。就社会变迁的历史进程来看，在农业文明形态的基础上，我们主要经历了两种社会组织形态，其一是“宗法社会”，其二是“统制社会”。在宗法社会，社会结构是宗法等级制，在这个基础上建立的政治结构和政治体制是君主专制主义，也就是“君本”。其实质，就是在处理社会各阶级、阶层利益关系中，以统治者的自身利益为本位。这样，在实践上，古贤倡导的以“民本”为根据的“德治”就遇到了不可逾越的障碍；“民本”与“君本”形成了不可两立的冲突。由于“君本”是政制，是现实的、物质的，而“民本”在当时不是也不可能是一种制度的安排，它只是一种理念。于是，在现实的物质的“君本”政制下，社会实际存在的官民关系，不是“民为贵”，而是“官贵民贱”，“屈民而伸君”。显然，在宗法等级社会中，不可能有

“公民”，只有“臣民”。

新中国的诞生，从政治上标志着广大劳动人民翻身做主了，同时也从法律上确立了劳动人民作为公民的地位。但在经济基础的层面并没有根本改变农业文明的形态，这种政治制度与经济形态的结合就形成了一种特殊的社会组织形态：“统制社会”。其基本特征是：单一的经济模式、统一的思想意识形态和高度集中的政治体制。这一方面，使得传统社会的统治性仍然保持高度的稳定，并在社会生活中形成一体化的经济、一体化的思想和一体化的政治相偶合的统一机制。另一方面，这种社会的组织形式依然是未经充分分化的机械组合，个人依赖于社会组织或单位，与宗法社会的维系力量所不同的是，维系“统制社会”团聚力量的是以政治目标为导向的价值观念和意识形态。

1980 年代肇始的改革开放运动，标志着中国社会主义现代化的真正开始。这场以经济改革为中心的革命确立了社会主义市场经济体制，而市场经济在本质上是法制经济，它从根本上打破了传统社会的基础，推进着现代文明新的历史进程。显然，与传统社会、与高度集中的计划经济体制不同，现代社会、市场经济体制下的商品生产，要求生产要素（生产者、生产资料和产品）最大程度地自由流动，这必然造成个人和企业的独立化，并导致异质单位的有机组合，而维系这种组合的主要是人们的经济活动和共同利益。不同的利益组合和某种共同的利益诉求，在客观上就提出了建立真正意义的公民社会的问题。

公民教育的诉求。在当代中国，社会主义现代化的两个基本要素是市场经济和民主政治。当代中国社会所经历的现代化转型，其现实基础与具体承载就在于市场经济的迅速兴起和民主政治的逐步发展，现代化的社会各领域翻天覆地的变化，归根到底是市场经济和民主政治带来的深刻改造与创造。一方面，市场经济的社会存在与生存方式，打破了传统社会生活的宗法人伦秩序；个体主体意识的自觉和旧价值结构的消融，使宗法与政治紧密结合并高度统治社会生活的格局被迅速瓦解；公共生活逐渐从私人生活中分离出来，公民权利随着公民身份与意识的唤醒，逐渐增强。另一方面，这种公共生活以及每个人公民权利的正确行使与保护，有赖于公民意识从而有赖于公民教育。因此，市场经济也好、民主政治也罢，二者的健康发展都内在地需要公民教育作为支撑，这就相应地在国家和社会层面提出了客观要求——必须将公民意识的培养作为教育的重点，而充分的公民教育也只有在市场经济和民主政治的基础上才能真正实现。正如鲁洁教授所说“市场经济孕育了新的人与人的关系，它为独立人格的发展开拓出了新的空间，这也是当代道德教育所面临的可能空间，在这样的空间中，为道德教育培养出一代具有独立人格的公民，形成这种人格的各种内在道德属性，诸如自主、自由、民主、平等、公正等品质，提供了它的选择的可能。”

正是在这样的意义上，加强公民意识教育凸显出其巨大的社会价值。因为，中国“现代人的生活越来越多地表现为作为公民的公共生活经验，其行为也越来越多地表现为社会公共行为，或者换句话说，现代人的生活和行为越来越具有社会公共意义。在现代社会的公共生活中，政治生活是最基本的，也是最重要的。”而公民教育就是要通过多样化的形式培养受过教育的公众，即培养理性的、自由的、有德性的公民群体，并促使公民独立自主地参与社会活动，履行公共义务。

总之，从根本上看，在现代民主社会中，公民是市场经济和民主政治的直接参与者，也是社会经济政治生活中的主体，一个国家整体的公民素质水平在很大程度上决定了它所进行的市场经济和民主政治所能达到的进程。因此，加强公民教育表达了中国社会主义现代化事业发展对当代教育提出的新要求，正如檀传宝所说：“进入新的历史时期以来，由于和谐社会建设对于社会公平、正义或者对‘最广大人民的根本利益’的迫切追求，由于社会主义政治文明、社会文明的不断进步，合理引导中华人民共和国的所有公民，尤其是广大青少年，树立正确的公民意识、提高理性的公民素养已经成为目前中国教育理所当然的重要任务。”

论课程标准视界中的课堂开放

◇佚　名

现代学习方式是以弘扬人的主体性为宗旨，以促进人的可持续性发展为目的的开放性系统。课程标准倡导现代学习方式，要求课堂教学有一个质的飞跃，笔者认为课堂教学的飞跃关键就在于课堂的开放。现代学习方式有五个基本特征：(1) 主动性，即学生自身产生学习兴趣和自觉担负学习责任而进行真正的有意义的主动学习。(2) 独立性，即学生发挥自己的独立性，发展自己的独立学习的能力，这是现代学习方式的核心特征。(3) 独特性，即学生进行有独特个性的学习。(4) 体验性，即强调身体性参与和重视直接经验。(5) 问题性，即学习过程中充满问题意识。传统的课堂教学具有极大的封闭性，不利于学习，因此必须进行反思和改革。从这个意义上说，课程标准下的课堂必须具有开放性。课堂开放主要表现在以下四个方面：

一、课堂开放需要提高学生的参与度

课程标准视界中的学生不仅是学习的主人，而且是课堂的主人。新课程强调学生的课堂参与度，因为学生在课堂中的角色是与以前不同的。第一，学生在课堂中是一个劳动者，课堂好比是一片物产丰富的土地，有着无穷无尽的人文资源，学生通过自身创造性的劳动，采撷必须的生活物品，付出辛勤的汗水，才能有劳动的收获与喜悦；第二，学生在课堂中是一个求索者。课堂是一个思想的天空，闪烁着智慧的光芒，学生除了作为一个劳动者不断地付出劳动和得到收获外，不断的思考和探索也是收获丰盈的关键。作为求索者，学生在课堂中的地位和作用比教师更高更大；第三，学生在课堂中还是一个设计者，课程标准重视让学生学会如何去获得知识的方法，鼓励学生为自己设计学习知识的计划和方案。因此，课堂开放首先就是让学生主动参与开放，让学生的思维活动开放，让学生的学习设计开放。学生的课堂参与度越高，课堂的效率与质量也会越高。

二、课堂开放需要增强师生情感的亲和度

课程标准呼唤新型师生关系，提出构建互动的师生关系，这就必须增强师生情感的亲和度。开放的课堂中，师生关系应该是情感亲和的：师生平等，共同享有尊重、信任的权力；师生心理相容，心理距离缩短，交流频率增加；师生教学合作，互相沟通协作，共同进行创造性的劳动。

长期以来，在传统的“长辈优势文化”的影响下，课堂中的师生关系一直维系在“唯师独尊”、“师道尊严”的层面上，教师以完全社会化的角色自居，对学生尽的只是“教化”与施与的责任。提倡素质教育以来，师生关系有所改观，师生情感亲和度有所提高，但与新课程标准的要求还有一定的距离。

课堂开放也包括教师向学生的情感开放。教师与学生之间发展愉快的沟通与智慧的交流，课堂就成为其乐融融的课堂、充满真挚与诚信的课堂。课堂的情感开放实质上就是让课堂转变为人文关怀的角落，更具体地来说，课堂中应该充满激励，充满赏识，充满尊重，充满期待。教师不只是“设问专家”，而且要激励学生成为设问专家；课堂中洋溢着温馨的话语、欣赏的目光和善意的掌声；课堂时时能看到平等的关爱、民主的气氛和宽容的风度；课堂是师生共同放飞希望的地方，更是师生共同品味喜悦的地方。

三、课堂开放需要确保课堂交流的自由度

课程标准着力培养学生的个性，促进学生的发展，不仅关注学生的知识发展和能力发展，更关注其情感、态度和价值观的发展。传统的课堂模式已经不能承载新课程的时代要求了。在一定意义上说，课堂开放就是要交流开放，保证课堂交流的一定自由度是学生个性和人格发展的必由之路。

课堂向自由提问开放。以往，课堂交流的主动权和课堂发展的主动权都牢牢地掌握在教师的手中。曾几何时，学生已经没有提问的习惯，当教师询问“还有什么不懂的地方，请提出来”时，学生异口同声地答道：“没有！”问题没有了，表明知识的堆积成功了，也表明思索的脚步停滞了，思维的活

力退化了、萎缩了。新课程的课堂中应开放自由提问的空间，最大可能地让学生提出问题，发现问题，并自由地口头表达出来。课堂的流程不以教师的预设为主，而以学生的发现问题为主。

课堂向自由辩论开放。课堂上，思想充分地碰撞、交锋，各种解决问题的方案和思路都允许存在，都可以设想；在自由辩论的过程中试图明确是非、寻求真理。课堂中应经常出现油画《雅典学院》中热闹的场面。

课堂向自主探索开放。课程标准下的课堂是教师鼓励创见、推崇自主探索的地方。一切直觉的判断、积极的设想与推测都受欢迎。课堂上提倡合作探究，提倡研究性学习，教师激励学生大胆地发表自己的观点，强调“我认为怎么样”，评价时坚持“无错”原则，允许学生“自圆其说”。对学生个体而言，每份知识与能力的积累，都是自主探索的结果，每一回情感、态度和价值观的发展都得益于自主探索。

四、课堂开放需要提高教学空间的拓展度

课程标准尊重学生的兴趣与经验，选择学生终身学习必备的基础知识和技能，密切联系教材与学生生活以及现代社会科技发展，打破单纯地强调学生自身的系统性和逻辑性的局限，尽可能体现各学科课程应首先服务学生发展的功能，因而，课堂的教学空间要开放，向学科外拓展，向社会向生活延伸。

传统的课堂具有一定的封闭性，教学空间局限于学科层面和知识层面，相对比较封闭，课堂是学科教学的主阵地，成了学科知识的集散地、中转站，课堂与社会和生活相离很远。这种象牙塔式的课堂是不能适应瞬息万变的当代社会的，不利于学生的个体发展的。

课堂空间向社会延伸，就是要加强学科与社会的联系，用学科知识与原理来关注和分析社会事物和社会现象，同时又以社会的动态发展来丰富学科知识。语文课堂加大语文阅读量和口语交际环节，重视语感培养；数学课堂增加对日常生活和社会生活图形与空间、统计与概率等现象问题的探究；地理课堂加强地球基础知识与人口、资源、环境的密切联系。课堂空间向社会的拓展度越高，课堂越能促进学生的发展。

课堂空间向生活延伸，就是学科教学要关注生活，用丰富的生活实践与经验交流增强学生的经验性。生活是最大的人生课堂，课堂是最浓缩的生活片断，引导课堂与生活的对接，让学生带着生活中的实际问题走进课堂，运用学科知识、技能来品味生活、读解生活、感悟生活，课堂才能真正成为活生生的课堂。课堂空间的开放，让学生成为学习的主人，更成为生活的主人。因而，向现实生活拓展的课堂才是真正的有生活魅力的课堂。

生命化课堂的建构

◇ 于晓芳

传统的课堂是一种知识中心主义的课堂，即知识是第一位的，知识的价值是本位的，情感、态度、智力、能力等其他方面的价值都是附属的。这种教学在强化知识的同时，从根本上失去了对人的生命存在及其发展的整体关怀。传统课堂的这种对生命的漠视，严重背离了教育的本真意义：教育是直面生命，遵循生命的本性、促进生命的成长、追寻生命的意义和价值、提高生命的质量的事业。因此，作为教育的实践形态的课堂教学，绝不仅仅是一个认知性的掌握知识、发展智力的过程，更应该是一个促成完整的人的生成与成长过程，是一个个体生命潜能在多方面得以彰显、丰富的过程，随着生命意识在教育领域的日益凸现和新课改的深入，传统的“知识课堂”正越来越受到普遍的质疑。笔者认为，作为课程实施基本途径的课堂教学必须由“认知领域”扩展到“生命全域”，由知识、认知层次提升到完整的生命层次，生命化课堂的建构将成为课堂的必然走向。

作为对传统“知识课堂”的变革，生命化课堂在实践形态和理念上具体体现为这样几个方面：

从“教”走向“学”，激发学生的生命潜能

教与学，这是贯穿于整个教学过程中的最基本的一对关系。在传统的课堂中，教学就是教师对学生单向的“培养”活动，它表现为：一是以教为中心，学围绕教转；二是以教为基础，先教后学。教师在教学中拥有绝对的权力和权威，控制着学生的学习、活动和行为，甚至控制着学生的思想。学生在课堂中不仅失去了作为学习的主人的创造和自主选择的乐趣，更严重的是形成了有悖于人的本性的被动生存方式。

根据建构主义理论，在教和学的关系上，学生的自主活动是学生认识形成和发展的源泉，因此，在生命化课堂中教师关注的视点将从知识的掌握转向学生主动性、自主性、独立性的发展和生命潜能的开发，从以教为主转向学生自主探究。

同时，构建主义也认为，由于个人的经验以及对经验的信念不同，个人根据自已的经验所构建的对外部世界的理解也会不同，也存在着局限性，但通过学习者建立在对话、合作之上的交往，可以使理解更加准确、丰富和全面。正是基于此，新课程把教学本质定位为交往。教学是教与学的交往、互动，师生互教互学，彼此形成“学习共同体”。后现代课程论者多尔则认为教师是“平等者中的首席”，学生作为真正独立的主体能够更充分、更自由地发表自我见解，在与教师和同学的对话与合作中自主地建构自我的知识、经验、情感和价值。所以新课程将学生学习方式的变革作为课程改革的核心任务，明确提出要改变原有单一、被动的学习方式，促进学生在教师指导下主动地富有个性地学习，提倡自主学习、探究学习和合作学习。

因此，建构生命化课堂，必须从传统的“重教”走向“重学”。学生的学习不再是一个被动接受的过程。而是学生通过自主活动主动建构意义、发扬生命潜能的过程，教师所能做的更多的是通过对话、沟通，激发学生的智慧和生命潜能，从而使学生之间共享知识、共享经验、共享智慧、共享人生的意义和价值。

从“传授”到“体验”，使学生感悟生命的价值

从教育心理学的角度看，体验有认知成分，但不是一种单一的认知活动，而是一种理解活动，一种个体生命的整体运动。传统课堂教学很不重视学生在教学生活中的体验，学生的心灵被看作是没有任何痕迹的“白板”，教学内容以标准化、统一化、同步化的方式给了所有学生一致的解释，剥夺了学生独有的体验以及在体验基础上的独立思考和理解。

我国学者郭思乐认为，学生理解和真正获得知识，所依靠的核心因素在于学生自有的情感和悟感。情感和悟感要靠儿童自己体验才能获得，而不是靠教师的传授。所以，教学活动不是教师与学生的简单的、唯有认知成分的授——受过程，它必须借助于学生的体验才能获得知识的意义。

认识过程必须融入生命体验。同时知识也经由体验才能获得生命意义。从本质上讲，认知的目的也不是停留在知道客体是什么，而是要将这种知识内化到主体自身的知识结构和情感体系中：只有成为了主体自身的价值、态度、信念的知识，才能成为主体的真正知识。一切停留在情感体验之外的知识，对主体来说只是死知识、假知识。教学中有很多对学生来说难以凭借知识就能理解的东西，比如说美、价值、意义，这些只能凭个人的情感、直觉去感受、去领悟。因此，课程中所包含的任何知识，只有与学生的体验溶化在一起，才是真正的活知识，才真正是有意义的。

新课程改革除了对课程的内容作了重大的调整之外，也强调教师与学生在特定的教育情境中，在体验中或经过体验对课程内容和意义的自我解读、自我理解，将外在的课程不断地转化为“自己的课程”，融入师生的生命体验，使课堂教学成为教师和学生追寻生命主体性，获得解放和自由的过程。因此，新课改提出了感受性教学，要加强学生学习过程的体验性，引导学生亲自经历，亲自感悟，重视学生的直接经验，尊重学生的个人感受和独特见解。体验使学习进入学生的生命领域，知识的学习不再仅仅属于认知、理性范畴，还扩展到情感、价值的领域，使学习过程成为学生整体生命的生长、丰满的过程。

从“书本”走向“生活”。提升学生的生命境界

传统“知识课堂”中，强调学生的学习以间接经验为主，将此看成是学生认识世界的“高速公路”和捷径，致使学生的学习越来越疏离现实的生活世界。科学知识的获得、理性的发展，成为学生生命发展的全部内容。

科学世界和生活世界对个体的发展来说是两个具有不同意义的世界。科学世界是建立在数理——逻辑结构基础上，由概念原理和规律规则构成的世界；而生活世界是建立在日常交往基础上，由人与人之间所结成的丰富而生动的日常生活构成的世界。生活世界对于学生学习的意义在于，生活世界是构成学生各种认识素材的主要来源，学生在书本世界中所获取的真理性认识必须根植于其生活经验或生活世界。教育活动成效在很大程度上取决于学生本人在生活世界中的经验和积累，取决于他对生活世界的感悟和理解。

生活世界对于学生的意义还在于：尽管科学知识包含着深刻的思维和丰

富的智慧，但在形式上，却是抽象而简约、简单而呆板的。因此，知识应尽可能以直观化、生活化的方式呈现给学生，应该联系学生生活实践，或借助直观、形象，或通过实践、活动，以帮助学生对过于符号化、抽象化、简约化的科学知识的吸收和消化。这也是儿童自由活泼的天性所要求的。呼唤课堂回归生活世界，并不是否认科学书本世界存在的合理性，生命化课堂反对和更正的是传统课堂教学中将书本知识作为学生认识的唯一来源，或是脱离学生的生活实践构建科学知识的意义，提倡课程内容向学生生活经验的倾斜。如《数学课程标准》中有一条是这样表述的："通过统计家庭每天丢弃垃圾袋的数量，学生经过数据收集、处理、呈现的过程，体会塑料垃圾对人类生活可能产生的危害。"生活化的课堂教学才能真正放飞儿童的生命，使儿童享受生命的多姿多彩和生命成长的愉悦。

总之，生命化课堂以学生的现实生活世界为基础，以直接经验来丰富、扩展和提升学生个体的认识，打通书本世界与生活世界的界限，把生活世界的教育资源与书本知识融会贯通，使课堂真正走入学生的现实生活，全面关照学生的认知、体验、陶冶和感悟等多种生活形式，使课堂真正具有生命的活力以及生活的价值和意义。

从"规训"到"自主"，让学生的生命自由发展

传统课堂管理倾向于行为控制，侧重于规章规则和学生服从，注重课堂秩序和规定性，从而使得这种管理带有浓厚的规训色彩。

当然，共同的课堂生活需要有和谐的秩序，需要有一种纪律来维护和约束。但纪律是为了维护共同的利益，即每个人的利益，它应该蕴涵个人的需要，因此，纪律是人性化的。规训仅仅是对学生的外部控制，永远停留在学生的精神之外。

过分强调纪律，必然会扼杀学生生动的个性和活泼的天性，束缚学生的思维空间和想像力，而忽略了关注个体享受学习的过程。并不是有了安静的课堂，就意味着有了一堂好课。课堂上，比安静更重要的是个性的飞扬、思维的活跃、深刻的思考、智慧的启迪。

在课堂中，学生不是静态的抽象化的物体，他们是独立的自由的主体，是不能控制也不可控制的。因此，生命化课堂中教师应该努力去激发他们的自主性，而不是殚精竭虑地想着如何控制学生；不是给学生太多的规限，而是尊重学生的自主意识，尊重学生内心的需求、情感。在管理过程中，教师应始终把学生视为“发展中的不完善的人”，以平常、宽容和爱心关怀学生的成长，相信学生的自律能力，承认并尊重学生自我管理中与教师意愿背离的现象，平等对话，相互理解、相互支持，师生共建生命化课堂。

追求完美的教学艺术

◇洪　颖

“沧浪之水清兮，可以濯吾缨；沧浪之水浊兮，可以濯吾足。”因为只有24小时的准备时间，教师展示的课有我们值得学习、借鉴的优点，也有警示我们可能会出现的课堂教学失误。

一、看课体会

（一）教师素质纵深发展

新一轮课程改革，给教师定义了指导者、组织者、合作者等角色，以改变教师单一的统治式的讲解者身份。本次课堂教学研讨活动使我想用编、导、演来形容我们的教师。首先，教师要结合自己的风格和学生的水平编排好课堂教案，做好一系列的准备，然后教师要引导好学生通过参与一系列的活动完成教学目标，发展学生综合语言运用能力，而且在整个学习活动中演好自己的角色。因此，可以说，这是一次小学英语教师高素质的展示。

1. 教师优秀的专业素质。

各位执教的教师都拥有较高的英语水平，他们漂亮的英语书写，纯正的英语口语给会场的一线教师、教研员留下了深刻的印象。教师一桶水的传说，不应该再是我们的目标和终点。我们应该在自己的专业学科上做一名真正的学者，对所从事的学科知识更应该是知其一，更知其十，甚至知其百。不断加强并进一步扩大和提高自己的专业知识和技能将是我们教师一生的目标。

2. 教师扎实而全面的教学基本功。

现代化教学手段的灵活运用，节拍式的指挥朗读，一分钟画中国地图，成功地改编、演唱歌曲等细小的活动都向我们折射出小学英语课堂教学需要教师做教学多面手。24小时的准备、课前30分钟的师生见面更显现出了教师长期的磨炼。它向我们无声的述说一些美术技能，一些音乐常识……将给我们平凡的课堂带来意想不到的惊喜，就是这些看似不起眼的活动，让学生对你产生敬意，喜欢你，喜欢你的教学。课程改革带了各学科知识的综合及相互渗透，而作为课程改革实践者的我们更应首先使自己具有全面、综合的素质，以便自己更好地驾驭课堂，实施课程改革。

3. 教师良好的教学机智。

师生之间的摩擦撞出了精彩的火花，赢得了会场上一阵阵掌声。课件出故障，扩音器出问题，学生的冷场……一些预见的、没有预见的问题发生时，在几千双眼睛的注视下，场上教师沉着应战，体现了他们优秀的教学机智。可能在平时的教学中，出现问题我们教师能够闪出精彩的解决方案，而一到重要时刻就会思维短路，无法解救。一方面我们要树立平稳的心境，让自己平静、沉静下来，一方面我们在平时的教学中要善于积累这方面的经验，同时学习很好的控制自己。

（二）关注学生的发展

让小学学生愉悦的学习英语是本次活动的一大亮点。教师通过分组激励，口头表扬，班级表扬等形式各异的方式方法鼓励学生学习英语。并在活动设计中紧密联系学生的生活经历，通过相应活动让学生体验成功，培养孩子的自信心。学生的发展是本次课程改革的核心问题。无论在哪门学科中，我们都应该首先树立培养“完人”的思想。记住学生是有思想有情感的人，在学习活动中，关注学生的兴趣、爱好，关注学生的缺点、不足，关注学生的学习需要，关注学生的参与、体验过程，关注学生的情感体验，让孩子快乐学习，自主学习。

（三）课堂教学的演绎

1. 现代化教学手段的合理运用。

多媒体仅仅是众多教学手段中的一种而已。曾几何时，不少老师以多媒体的应用来体现教学的优劣。本次活动，以多媒体装点课堂的少了：能不用的就省去，能用幻灯的就不用其他复杂手段……充分体现了运用现代化手段演义抽象概念、创设简单情景，提供更多的方便快捷信息。学习用好身边唾手可得的各种教学资源，包括时间的、空间的各种有形或无形的资源，是我们将长期探讨的课题。因此，在教学中我们因该多问问不用多媒体我可以达到同样的效果吗？如果能，我想不用更好。毕竟我们的日常教学更多的时候没有多媒体的支撑。

2. 在任务活动中发展学生语言运用能力

在情景中感知认知，在趣味中操练，在任务完成中运用、拓展语言能力，是本次课堂教学研讨活动总体授课模式。教学中注重小组合作学习的引导，注重对学生听说读写综合语言运用能力的培养，较好地体现了“学中用，用中学”的教学思想。课程改革强调“学以致用”，我想这不仅仅用于英语这门交际性强的语言学科。每节课上教给学生的知识、技能，甚至解决问题的方法，最终的目的是能让学生解决生活中的实际问题。创设模拟的实际生活情景，让学生通过运用所学解决问题，培养学生的操作、运用能力使用于各门学科。特别是有些学科课后学生接触、运用机会少，就更应该在课堂上创设情景，让学生模拟完成，以达到能力的培养。

三、课后思考

1. 课堂是学生的课堂。

课程改革提出了“学生是课堂的主人”的新理念，也受到各教师的认可。然而总在不经意间，我们没有真正读懂学生、不了解他们的时候，做了自以为是的设想和安排。而且在实际教学中，我们有的老师害怕学生不懂，死死不肯放手，并抱怨：我使劲儿的讲，他们（学生）就是不会。

既然学生是课堂的主人，既然我们要还课堂于学生，我们教师就应该更深入地了解学生，知道他们的喜好，以便真正设计学生感兴趣的活动、话题。其次，在设计、实施中应该将课堂的更多时间留给学生让他们去参与、去操作、去体验，而不是老师反复的讲授。而同时，我们教师还应该进一步做到语言精炼，在教具等的使用上尽可能地少浪费课堂时间。

2. 半体力半脑力劳动是小学英语教学的目标。

在初步开始英语教学时，给各位留下了一个印象：小学英语就是教几个单词的事儿，老师、学生又蹦又跳，各种教具五花八门，一个词“好玩”。对于初学英语的三年级孩子来说，说说唱唱、玩玩演演是必须的。然而随着学生英语学习的深入和年龄的增长，他们不会再热衷于说说唱唱、玩玩演演，他们更乐意于接受有思考、有挑战的学习活动。因此随着学生年龄的增长和英语学习的深入，我们的英语教学在注重学习氛围的营造时，除了说说唱唱，还应该有思维的碰撞，在学习过程中有趣味性的操练，也应该注重学习方法的渗透，为学生持续学习英语做准备。此外，我们在教学中还应拓展语言材料，增大教学容量，让习得和学得并行。让学生的学习不仅仅是手上的、口上的学习，更是思维的训练。

3. 做创新型的教师。

虽然《课标》告诉我们：教材只是一个载体。可是，我们还是常常热衷于教材的照搬照套，甚至为没有《教师用书》而耿耿于怀。本次课堂教学研讨活动中，执教老师使用的“教材”是主委会根据“课标要求”编写的，仅仅给出语料及目标说明，要求教师根据《英语课程标准》的相应目标和自己的理解设计教案。它需要教师准确的把握基础知识和目标要求，明确课标理念，才能合理地创造性使用语料。因此，我个人认为：作为一线教师的我们应该在平时认真研读课标，熟读教材，明确课标要求和语言目标，才能在实际教学中挖掘教材所载的基础知识，结合实际和课标要求，创造性的运用教材，合理删减教材内容，更好地体现《课标》理念，实现课程的年段目标要求，为学生的持续发展打好基础。同时，我们应该创建适合自己的教学模式，做创新型的教师。

“台下十年功，台上一分钟”，只有靠平时的点滴积累，不断提高，方能展现出你我完美的教学技艺。我们还年轻，还有的是时间，还有的是机会。让我们为梦想中的教学艺术孜孜不倦，不懈努力吧。

关于教师发展性评价的一些思考

◇佚　名

一

良好的教师素质，不仅是有效教育的基础和前提，也是学生学习的直接内容，是有效的教育工具或手段。教师的品格意志、道德面貌、情感态度、学识能力和言行举止都会对学生产生潜移默化的影响，具有巨大的教育价值。因此，在课程改革中，提高教师素质，可以说是实施素质教育和提高教育质量的根本措施之一。

随着社会的发展，人们越来越认识到教师的重要作用及其在教学过程中的不可替代性，“教学是一门艺术”也受到普遍的认可，人们对教师的期望越来越高，对教师提出了越来越高的要求。教师必须改变传统角色，以适应新世纪的挑战和课程改革的要求。

教师应该是学生学习的促进者，而不仅是知识的传授者。随着时代的发展，教师也不再是学生的唯一知识源。教师不能简单地把知识传授作为自己的主要任务和目的，而应成为学生学习的激发者、辅导者、各种能力和积极个性的培养者，把教学的重心放在如何育人和促进学生“学”上。

教师应该是教育教学的研究者。这既是时代对教师的要求，也是教师作为学生学习促进者的前提条件。教师以研究者的精神不断发现问题、思考问题、解决问题，其教育教学质量就会随之提高，教师自身专业素质也能得到发展。

教师应该是课程的开发者和创造者。课程改革为教师创设了广阔的空间让教师发挥和创造，同时也对教师的专业素质和教育教学实践提出了挑战。依照新的课程标准，教学目标与结果、教学对象、教学内容、教学方法与教学过程以及教学评价都与以往的教学有不同的特点，这就要求教师要创造性地进行工作，改变教书匠的角色。

新世纪的教师应该注重自身的不断发展和完善。教育教学不再只是教师的工作，还应该成为教师的事业。教师不仅是照亮别人的“蜡烛”，更是不断充电的长明灯。教师教书育人的过程是一个不断追求的过程，是教师不断发展和完善的过程，也是自身价值得到提升的过程。

总之，课程改革中的教师是发展中的教师，是进行适应和调整的不断追求的人，是有着独立价值和尊严的人。教师评价必须适应并促进教师角色的转变，建立促进教师成长的发展性评价体系。这意味着教师评价必须改变以往评价者高高在上的姿态，从对教师冷冰冰的审视和裁判转向对教师的关注和关怀；从指令性的要求转向协商和讨论式的沟通和交流；从教师被动接受检查转向多主体参与的互动过程。

教师发展性评价关注教师的背景和基础，关注教师的个体差异，通过多种渠道收集体现教师教学表现和水平的资料，鼓励教师积极参与到评价中并反思自己的教学。建立发展性的教师评价体系有助于提高教师的职业素养和教育教学能力，激发教师不断改进教学的主动性和创造性，促进教师自我价值的实现和提升。

二

教师的工作对象是学生，教师的职业道德、职业素养和教育教学能力直接影响着学生的发展，而且这个过程具有相当程度的不可逆性。因此，对教师的表现和水平进行业绩评估以控制和保证教师的教学质量达到一定的标准是重要的，是必要的。同时，教师的工作必然与一定的名誉和利益相联系，业绩评估是对教师的水平进行评定和实现利益分配的必要手段。所以业绩评估与教师发展性评价是共存于教师评价中的两种评价体系，它们之间存在着差异，同时也有着密切的联系。

教师发展性评价与业绩评估在评价目标、评价内容、评价标准、评价方法、评价过程上都有所差异，是两种不同性质的评价。发展性评价的目标是通过评价提高教师职业素养和教育教学能力以及促进教师自我价值的实现；

发展性评价的评价者可以是教师本人，也可以是同事，校长、家长和学生；发展性评价关注教师的背景和基础，重视教师当前的水平和表现，但着眼点在于教师的未来；发展性评价所依据的资料和证据是日常的、局部的、即时性的，往往不能体现教师的综合素质和最高水平；发展性评价参考一定的标准，但所得出的结论主要用来进行纵向比较，以期发现教师发展变化的轨迹；发展性评价在达成评价结论时往往需要教师的积极参与，评价结论是个体化的，非常重视通过评价反馈与教师一起提出改进建议。

业绩评估的目标是将教师的表现与一定的标准相比较后判断教师表现的优劣或是否合格；业绩评估的评价者一般来说是上一级行政部门或有关评估机构；业绩评估一般采取横向比较的标准，不太关注教师的背景和基础；业绩评估所采用的资料和证据是综合性、阶段性的，应该能够体现教师的综合素质和最高水平；业绩评估时评价者和教师一般不需要进行交流和探讨；业绩评估的结论一般是规范和统一的，强调评估结论的公平性。此外，业绩评估一般来说与教师的名誉和各种利益是相关的。

在教育实践中，发展性评价与业绩评估有着密切的关系。发展性评价与业绩评估的评价内容和评价标准有可能部分是相同的，二者可能相互参考对方的评价资料和评价结论；发展性评价的一部分目标可能朝向业绩评估。同时，只要业绩评估与发展性评价的内容和标准是一致的，对教师的发展性评价有助于教师在业绩评估中获得更好的等级；同时，业绩评估也有助于促进教师发展。需要指出的是，教师发展性评价与业绩评估应该适当分离，虽然业绩评估可以参考日常发展性评价的资料，但一定要告诉教师，而且应该给教师自主权，在日常工作中尽力表现出能够体现自己职业素养或教育教学能力的资料和证据。一般不宜在教师不知晓的情况下将发展性评价的资料用于业绩评估，更不能将所有的发展性评价都与各种利益挂钩，这样教师会普遍感到压力和畏惧，从而在发展性评价中畏首畏脚，一味迎合业绩评估的要求，甚至可能导致不真实的评价结果。当然，教师在业绩评估中所提供的资料都应该是教师在日常教学中所发生的，不能是“应景”的，这就需要健全业绩评估真实性的保障机制。

三

教师发展性评价强调突出教师的主体地位，鼓励教师进行自我评价。因为与他人相比，教师最了解自己，清楚自己的工作背景和工作对象，知道自己工作中的优势和困难以及想从评价中得到什么。所以，在评价开始时就要和教师沟通，根据教育教学实际和教师本人的情况，形成个体化的评价目标和评价方法。在收集信息的过程中要选择恰当的渠道和方式，鼓励教师自主提交评价资料，给教师提供表现自己能力和成就的机会，同时要创设宽松的氛围，鼓励教师提出教育教学过程中的困难和疑惑，与教师一起分析各种尝试和探索。在对评价资料和数据进行分析时，要与教师进行充分沟通，注重资料的背景和影响因素，达成评价结论的过程要与教师一起讨论，对教师存在的优势、不足和进步形成清晰的认识，注重分析现象的原因，提高教师自我反思的能力，并且与教师一起提出改进建议。

在教师进行自我评价时要注意两点。第一，要有明确的评价内容和评价标准，这样教师才能有目的地收集、分析有关自己教学的资料，体现评价的导向作用。此外，明确的评价目标和评价内容还有助于减小教师自我评价与其他评价之间的差异。第二，教师自我评价的结果不宜与教师的奖惩或利益挂钩，这样容易使教师由于压力或追求功利的目的而不能正确对待自我评价，在自我评价中不顾实际地抬高自己，或者有意隐瞒自己的不足和缺点，从而失去了通过自我评价促进教师发展的目的。

在突出教师本人在评价中的主体作用的同时，还应重视和充分发挥学生、家长和同事评价的作用。在某种意义上说，学生、家长和同事都是教师的工作伙伴，他们不但直接或间接参与了教师的教育教学活动，而且能够从不同的侧面反映教师的工作表现，对教师工作的改进和提高会产生积极影响。要为学生、家长和同事评价创设积极参与的氛围，同时教师要端正对他人评价的态度，认识到他人评价所提供的信息对于自己的改进和发展所起的重要作用，以平和的态度、宽广的胸襟接受他人的评价。

学生是教育教学活动的直接参与者，学生的发展是教师工作的重心和目标，他们对教师的教育教学活动以及师生交往有着最直接的感受和判断，教师应该高度重视并及时听取他们对自己在教学、师生交往和其他方面的想法、意见和建议，并且根据学生的反映及时调整自己的教育教学策略，或者转变某些不恰当的教育教学行为。

家长有权利以对教师进行评价的方式对学生的发展予以关注。家庭是学生生活的重要场所，教师往往无法直接了解学生在家中的表现，家长评价从一个重要的侧面为教师提供了有关学生发展状况的信息。此外，学生对学校、对老师、对同学的看法常常会告诉父母，因此，家长在对教师评价的过程中所反映出来的想法、意见和建议对教师的改进与提高有重要的参考价值。还有，家长对教师进行评价的过程也是家校协同的过程，有助于家长和教师形成合力，更好地促进学生的发展。

值得注意的是，一定要对学生和家长评价加强引导，要让学生和家长明确评价的内容和标准，要分清楚哪些内容适合学生评价，哪些内容适合家长评价，哪些内容可以作为教师改进的依据，哪些内容仅供参考。由于学生和家长在教育教学的目标、过程和方法等方面与教师有不同的理解，其中有些方面可能带有较大的主观性和局限性，所做出的评价可能是不合理的。因此，教师一方面要以积极的心态正确对待学生、家长的评价，另一方面还要坚持正确的教育理想和教育方法，不能简单地屈就学生以及家长不合理的要求。同时，教师也要认识到消除认知差异的重要性，加强与学生和家长的沟通，将此作为自己应做工作的一部分，而不要纠缠在学生、家长的评价是否正确、是否公平的问题上。

同事评价也是非常重要的，由于在教育教学目标、方法和过程以及教学对象、教学环境等方面的相似性，同事对于教师的工作有着更深刻的共鸣和更准确的理解。所以同事评价是重要的学习和交流的机会，教师可以从同事的评价中获取大量有价值的信息和经验，对于改进教育教学和自身发展都是非常有益的。在发展性评价中，同事评价不应直接与教师的各种利益或名誉挂钩，这样有可能增加教师之间的摩擦或矛盾，使得同事之间相互提防，阻碍他们敞开心扉，影响对评价对象做出客观、合理、有价值的判断并提出改进建议，从而削弱了同事评价对教师的促进功能。

坚持发展性评价，提升课堂参与品质

◇ 佚　名

在新课程新理念教学和评价实践中，基于促进学生发展，促进教师成长的理念，运用发展性评价策略，针对当前课堂参与品质评价中存在的几个突出问题，开展探讨。力求通过评价提升课堂参与品质，促进学生发展，改善教师教学。

近年来，课堂参与教学模式，有力地推动新课程理念的确立和新课程教学的实施，同时也促进各地教师对课堂参与品质的关注。在课堂参与品质评价实践中，我们逐步形成一些共识，但也遇到了一些与新课程评价理念不尽一致的具体问题。基于对这些问题的反思和探讨，本文坚持发展性评价，针对当前课堂参与品质评价中存在的几个突出问题，开展探讨。力求通过评价提升课堂参与品质，促进学生发展，改善课堂教学。

一、课堂参与评价的基本理念和策略

（一）基本理念

1. 促进学生发展

基础教育课程改革的核心理念是“以学生的发展为本”。因此在课堂教学评价中，既要关注基础目标（知识、技能）的形成，更要关注发展性的目标（以学习能力为重点的学习素质和以情感为重点的社会素质）的形成。这一理念体现在课堂参与评价中，要通过评价激励学生积极主动参与质疑、探究、发现，在积极主动的课堂参与过程中实现基础性目标与发展性目标的协调统一。

2. 促进教师成长

诊断教师在课堂教学中存在的优点与不足，目的是以此改进教师今后的教学，促进教师的成长。

3. 以学论教

即以学生的“学”评价教师的“教”。因为教师在“教”方面所作的任何努力，都是为了学生的“学”。所以要强调以学生课堂参与中的情绪状态、交往状态，思维状态，目标达成状态和纵向进步状态为依据，评价教师教学质量，引导教师改进教学方法。

（二）“课堂参与发展性评价策略”。

1. 形成性目的与诊断性目的结合，确立发展性的评价目的。发展性评价目的是为了创设适合学生的教育，改进教学。既然是改进，那么就要首先诊断“需要改进的是什么”。在诊断了解课堂参与中存在的优点和问题之后，再通过评析和鼓励促进教师和学生进一步发扬优点，弥补缺失，形成更高的课堂参与品质，从而达到评价的发展性目的。

2. 自评与他评结合，确立自评为主的评价方式。他评（听课者评师生的“教”与“学”，师生互评“教”与“学”，生生评“学”）可以使评价更客观、更全面，提出的问题及建议也更有针对性和导向性。但是自评更真切，更有利于评价标准的内化，更能直接促进评价主体自身的变化与发展。

3. 实证化评价与人文化评价结合，确立人文化评价为主的评价方法。实证化与人文化评价方法各有优点，又各有不足。虽然量化评价的参考价值不可置否，但是我们既要尽可能消除听课评价方法的随意性，又要避免过度的量化倾向。如：用“一个问题提出后，有几个学生举手回答”的量化记录来实证课堂参与品质，这种“客观标准”是不科学的。由于人文化评价方法重视对评价对象的鼓励，更具有教育性功能和过程评价优势，它更有利于实现发展性的目标。因此要实证化评价与人文化评价结合，确立人文化评价为主的评价方法。

二、课堂参与品质和评价实践中存在的主要问题与探讨

目前新课程、新理念教学正在推广之中，我们到各地听课调研，发现教师在运用新理念实施课堂参与教学，以及对课堂参与品质进行评价时，取得

很大进步。但也有一部分教师在教学和教学评价实践中，存在一些与新课程理念貌合神离的问题。以下我们选择其中几个突出问题进行共同探讨。

1. 课堂参与效益评价——定量与定性相结合，不能忽视对课堂参与泡沫化的关注。

教师提问多，学生动手多，发表个人意见多，是课堂参与活跃的表现之一，是一种可喜的课堂新气象。这样的课堂教学，也往往有机会获得很高评价。但是评价者和自评者都不能忽视对课堂参与泡沫化的深入分析。

例一：某教师在上初二“纪律与自由”一课时，组织四个学生上台用五分钟表演“门框与玻璃”，博得台上、台下一片笑声。接着教师宣布A组学生代表“纪律”，B组学生代表“自由”进行辩论，于是双方各持自己观点，争相发言，都企望自己的声言盖过对方。

这一教学案例，把教学活动与一定项目的具体情景挂起钩来，让课堂动起来，比传统课堂的归纳或演绎概念的教学，具有重要的认识论意义。但是从实践操作中，我们又发现这一案例存在着一定程度上的不足。

首先，情感目标培养存在层次性缺陷。参与这种表演项目“使学生台上、台下一片笑声”所产生的心理体验，就心理学而言，在层次上只是暂时性情绪体现，而不是真正的情感体验（笑是笑了，笑过之后什么也没留下）。

其次，过程与方法目标效益差。教室不是牢房，到处都是门框与玻璃，以实物作生动比喻完全可以达到教学目的，这种“群稚嬉戏”般的表演活动是“学习过程上的粗放型经营”，成为“课堂上的形象工程”。表面的热闹还导致教师忽视对部分学习困难、性格内向的学生长期充当旁听观众现象的关注，遮盖了部分学生处于一种边缘化的状态，背离了面向全体的教育教学原则。

第三，认知与能力目标难到位。课堂参与学习中的分工合作不同于产业分工，不能替代独立思考。独立思考是学生把感性认识上升为理性认识、自主建构认知的必备条件。否则，即使“学生活动多、发言积极、课堂气氛热烈，”如果缺失独立思考，就难以达到提高学生学习能力的教学目标。

因此，我们在鼓励教师“让课堂动起来”的同时，也要剖析课堂气氛热烈的背后存在的不足。在评价课堂参与时，要把定量与定性分析结合起来，要引导学生独立思考和学会合作，才能有效提高课堂参与品质。

2. 课堂参与师生关系评价——关键要看教师能否营造一种师生平等关系，做好学生课堂参与学习的服务者和促进者。

在课堂师生地位评价中，“探究教学并不是杂乱无章的，而是教师精心编排的教学活动”、“教师不是演员，是编剧”，这些话成为许多教师评价师生关系的常用语。

例二：教师根据“剧本”中剧情的发展需要，设计几个需要学生参与的活动作为“点缀”。学生参与回答教师提问或特定问题的定向讨论作为对教师行动上的呼应。

这种课堂参与，过程流畅，教师导向明确。表面看学生是台上主角，其实只不过是教师（编剧、导演）操纵的提线“木偶人”。这种学生参与是迎合教师意志，服从教师排演需要的被动参与。有“明修栈道，暗渡陈仓”之嫌，是教师不自觉地对学生主体地位的异化，是与主体性原则背道而驰的。

有时课堂小组讨论中，学生争相发言，而到了教师提问时，却只有寥寥几只手举起。这种差异，究其原因就在于小组讨论时，生生关系是平等的，发言观点，措辞都是自由自主的，学生参与就自然投入。而回答教师提问，学生要迎合教师意志，就会失去自我。

因此，课堂参与中学生主体意识的激发和主体地位的维持，关键在于建立师生之间的平等关系。我们对教师在课堂参与中的作用和地位评价，关键要看教师能否营造一种师生平等关系，是否做好学生课堂参与学习的组织者和服务者，是否对学生学习素质和社会素质的发展起到引导和促进作用。

3. 课堂参与探究性评价——既要把握评价的导向性，又要立足“最近发展区”促进教师成长，提升课堂参与品质。

就探究性学习对科学探究的模拟而言，探究学习有一个“提出问题——提出猜想、假设——收集证据——解释论证——交流评价”的一般结构。于是有些教师就机械地把这个一般结构定格为评价学生课堂参与教学模式的“唯一结构标准”，甚至由此推演出“只有某某章节内容（或问题）才能进行探究性教学，某某章节则根本不可能”等错误提法。本人认为如果一个教学模式只能在10%的所谓优秀学校可以推广，只能针对10%的教学内容适用，只能在10%所谓优秀学生中取得良好教学效果，只能由10%的所谓教学能手来实施，那么这种教学模式即使有很高的方向性，但它的价值也是非常有限的。我们要在评价标准上坚持“多一把尺子就会多一个人成功”的理念。

例三：（1）学生通过社会调查或原始素材分析，提出问题——获取加工信息、解决问题——交流评价。学生探究性学习的主动参与过程由课堂延伸到课前课后。教师以“零教案”开展教学，只按具体需要进行组织、个案指导。

（2）学生以模拟现实情境的综合材料作为学习情境，降低提出问题、分析证据难度，在课堂中主动参与，完成探究性学习基本过程。

（3）学生以隐含特定知识的简编材料作为学习情境，探究的问题可以由教师或教材提出，在课堂中学生主动参与分析问题——交流评价等探究性学习过程，达到自主建构认识，提高能力的目的。让学生以“零准备”开始课堂学习。

以上三种教学方案，由于学习情境对现实问题的模拟精度不同，学生课堂参与的自主性和完整性等方面呈现三层不同高度的探究性特征。这种多样性既体现了新课程理念的导向性又立足于客观教学条件（环境）具有可行性。它们是依据不同的教学内容、不同的教学目的、不同的学生而采用的教学方案，在教学评价中都应给予支持和正面引导，不应随意予以否定。

因此，在评价实践中，评价者既要把握评价的导向性，推进新课程、新理念的实施，又要立足实际，脚踏实地推动课堂教学和评价改革，在“最近发展区”促进教师成长，提升课堂参与品质。

4. 课堂参与肯定性评价——要防止表扬的泛化倾向，并凸显表扬中的激励功能。

“没有教不会的学生，只有不会教的教师”（苏霍姆林斯基）随着新课程实施，许多教师学会了以欣赏、赞美的眼光评价学生，同时我们在听课评价中，也常常听到对被评价者优点的赞赏，这无疑有利于学生个性的发展与张扬，有利于教师的成长，这是一种进步。

但是课堂中表扬的泛化倾向和以表扬替代鼓励的缺失，在评价中的消极作用不容忽视。

例四：在听课中常常发现，为了活跃课堂气氛，有的教师对学生表达不清的观点，甚至明显错误的主张，都不加价值取向方面的正当性分析，一律叫好。虽然评价者的原意是对学生积极发言的“行为和态度”加以肯定，可是学生却把教师的表扬误读为对发表内容的认同。

这是一种典型的表扬泛化问题，危害很大：(1) 容易造成学生认知错误，学到错误知识；(2) 容易产生导向错误，使学生认为“会叫就行”，课堂成为“脱口秀”剧场，不利于培养学生思维的严密性，失去对严谨治学态度的追求；(3) 不利于青少年挫折教育。此外，以表扬替代鼓励会导致表扬评价的激励功能被弱化。

侧五：小 A 在课堂中提了一个很好的问题，老师只表扬他提的问题如何好，小 A 就会感受到老师关注的只是问题本身，而不是小 A 提出这个问题所做的努力，以及形成问题过程中所获得的进步，这样教师的表扬对小 A 的激励作用就被大大弱化了。

由此可见，虽然表扬中包含着一定的鼓励因素，但“表扬”倾向于对“事”的赞美，是一种终结性评价，“鼓励”倾向于对人的激发、勉励，是一种发展性评价，因此两者是不能简单替代的。如果教师把评价视点由事转为人，由关注结果转为关注小 A 学习过程，那么教师评价对小 A 的鼓励作用就会大大彰显出来。

5. 课堂参与情感目标评价——要走出实证化评价的藩篱，注重运用人文化评价方法，强调评价的导向功能和激励功能。

长期以来，教学评价基本上都是围绕学生认知领域而展开的，对学生情感领域的评价，还没有给予足够的重视。现在新课程把情感目标作为学生发展的首要目标。一些学校通过一般行为规范如行为举止，纪律表现等对学生进行情感、价值观评价；一些教师对学生的学习态度，课堂注意、参与热情，性格倾向进行评价。这些做法都是对情感目标评价的有益尝试，但仅限于此是不够的。

对课堂教学中情感目标的评价，我认为要在评价操作层面做好三个方面。

首先，评价主体要多元化，坚持自评为主。“我的进步，我自己最了解。”情感目标更是如此，因此情感目标评价更要坚持学生自评为主的策略。如强调让学生谈谈自己在学习过程中的心理状态、情绪体验，人本主义启示和自我觉醒，并进行个人纵向比较，获得进步和体验。教师则要通过谈话，观察、了解学生在课堂参与学习过程中，学习品质和社会品质的进步和缺失，从而引导学生形成良好的人生观、价值观。

其次，评价内容要由行为规范评价拓展到品质评价。主要评价课堂参与过程中，学生学习品质（如：好奇、发问、批判、创造性、合作精神等方面），社会品质（责任感、价值观取向、个性态度等方面）的表现和进步。

第三，评价方法要实证化和人文化结合。虽然对学生进行情感品质发展的记录是必要的，但情感目标又是难以量化，甚至根本无法量化的。评价者要走出实证化评价的藩篱，注重运用人文化评价方法，强调评价的导向功能和激励功能。

总之，实施课堂参与教学评价的根本目的是为了更好地促进学生发展，促进教师成长，改进教学。在目前推广新理念、实施新课程教学的过程中，既要坚持新理念教学评价的导向性又要立足于课堂教学条件的客观性，支持教师在课堂参与教学与评价中尝试各种新理念，要允许一线教师在新课程新理念实施中，存在各种各样的不足和失败。坚持发展性评价，帮助与鼓励教师改进课堂教学、提高课堂参与品质，使教师在“最近发展区”不断获得进步，走向成熟。

情理交融　润物无声

◇陈　凯

我出生在祖国北方黄河边上一个贫穷的乡村里。9岁上小学二年级的时候，日本侵略者占领了我的家乡，从小就饱受了铁蹄蹂躏之苦。1942年那场席卷山东、河南诸省的大灾荒，又使正处于发育年岁的我，尝够了草根、树皮的滋味。之后，我到了国统区读书。旧中国的黑暗统治，打破了我对美好前程的憧憬。民不聊生、丧权辱国的现实，更使每一个热血青年忧患中国的出路。正在彷徨之际，迎来了1949年的解放。5月，我参加了中国人民解放军，随之又参加了抗美援朝。在人民军队这个大熔炉里，我经受了土改、剿匪、反两栖登陆等战斗洗礼，逐步树立了"共产主义真，党是引路人"的信念。1958年春，随着百万军官转业支援地方建设的行列，我到苏北一个县城中学——泰县姜堰中学，做了一名政治教师，从事青少年的思想、政治和道德品质教育。我十分热爱自己从事的工作，把它看作是历史赋予我的责任和使命。从走上讲台的第一天到现在，我已在教学第一线工作了36个春秋，其间教授过6 000多名学生，进行过数万个课时的教学实践。在社会主义的中国，对青少年进行思想、政治和道德品质教育，有其许多不同于其他学科教学的特点。30多年来，我所追求的教学风格是：深入浅出，情理交融，潜移默化，润物无声；在自我进修和提高上，努力构建较为合理的能自动调节转换的知识智能结构；在做人上推崇"真理力量"和"人格力量"的统一。这也正是我教育教学思想中最重要的部分。

一、致力于理论教学的深入浅出

在我国的基础教育中，要对学生进行马克思主义的基础理论教育。根据这个学科的特点和学生的生理心理特征，是可以兼用归纳和演绎两种方法的。

但我总认为，对中学生进行理论教学，应尽可能使他们获得清晰的表象，以作为他们理解理论观点和发展理论思维的基础。80 年代以来，我国教育界普遍重视发展学生的智能，我认为学生智能的发展，与他们接受知识时由“生动的直觉到抽象的思维再到具体事实”的思维过程是完全一致的。所以，在 30 多年的教学中，我一直致力于理论教学的深入浅出。

那是在我从事教学的第二年，在给学生讲“人和规律的关系”时，我没采用当时普遍采用的先从解释既定的概念出发，而是先给学生讲了两个当时当地的小故事。

一个是，我县洪林农技站根据远亲杂交优势的原理，培育出了高产稳产的葡萄棉，获得了国家颁发的科技奖。学校曾组织学生前去参观，详细听取和观察了葡萄棉的培育过程。在介绍中，农技站的同志还把学生带到一棵大树前讲了一个笑话：1958 年他们几个“泥腿子”想夺取棉花稳产高产。心想如果把棉花与大树嫁接在一起，花枝茂盛，不怕旱涝，产量不是既高又稳了吗，然而，他们不知道草本植物（棉花为草本植物）与木本植物不能嫁接，结果忙了一季，却成了人们的笑柄。后来，在苏北农学院一位教授的帮助下，按照育种规律，从福建引来一个矮杆棉花良种与本地一种良种棉花杂交，经过三代优选，培育出了葡萄棉。

再一个是，当时泰县久旱不雨，人民政府曾请扬州驻军用高射炮发射“干冰”，促成人工降雨，一时传为佳话。就这个事例我解释说，现代自然科学证明，下雨是天空中带水汽的云遇冷凝结成水珠，当水珠的重量超过了空气的浮力，就降落下来而成为雨。古时久旱不雨，在晴空万里的烈日下，去求仙拜佛，祈求降雨，那是愚昧无知。在现代科学技术的条件下，通过高射炮或飞机向天空中带水汽的云喷射于冰，于冰可以吸收云层中的水汽而使温度降低，从而促使水汽凝结成水珠而下降为雨。我们设想一下，如果高射炮发射的不是干冰，不是射向有水汽的云，而是用炮弹射向万里无云的晴空，就是发射的是原子弹、氢弹，尽管威力很大，也不能降下雨来。

当我对这两个故事做了绘声绘色的描述之后，就让学生归纳总结人和规律的关系。在这个基础上，我再通过发射人造地球卫星需要克服地球引力的第一宇宙速度——7.9 公里/秒和运载火箭的制造等条件，来说明人的主观能动性的巨大作用以及它又必须建立在尊重客观规律和具备一定条件的基础上才能发挥作用的道理。整个教学过程轻松愉快，课堂上笑声不断。就是在这种轻松愉快的气氛中学生接受了辩证唯物论的一个重要原理。

使中学理论教学深入浅出和通俗化，是马克思主义基本理论普及工作的一个方面。这个工作很有意义，但又很不容易。其中要特别注意的是在致力于通俗化的同时，要保证其科学性，并达到材料和观点的一致。要做到这点，就要注意认真学习基本理论和通俗材料的日积月累，做到厚积而薄发。

那是1985年，在教《政治经济学常识》“商品的两个基本属性”一节时，遇到了一个难题，就是对“一般劳动产品不具有价值，只有商品才具有价值”这个问题总是不能讲得通俗易懂。一天，我到市场上去买菜，遇到一位卖鸡蛋的老妈妈，每只蛋要0.13元。当时好几个人还价0.12元，她都不卖。有人说：“自家养的鸡生的蛋，何必那么顶真。”老妈妈随口答道：“自家养的鸡，哪能不花功夫，不花本钱。”这句话一下子触动了我。我想，老妈妈不懂政治经济学，也不懂物化劳动和活劳动。但她知道养鸡生蛋要花工夫（活劳动），花本钱（物化劳动）。她把鸡蛋卖出去，一定要换回一定数量的货币，从而使她的功夫和本钱得到补偿，否则，她就不卖。这样就使这个出售的鸡蛋——用于交换的劳动产品所花费的劳动具有了价值的形态。如果老妈妈的鸡蛋，不是到市场上出售，不用于交换，而是送给女儿去过“满月”，那么她就不再考虑每只鸡蛋花了多少功夫和本钱。这不正好说明，劳动产品只有当它用于交换、成为商品的时候，它所花费的劳动才具有价值的形态吗。想到这里，我就赶快回家制成资料卡片，并用这个市场小景来突破这个教学难点。这不仅使教学生动形象，并且还能引导学生用所学政治经济学的道理去观察经济现象。

学生思维的发展是有规律的。如果在教学中只注意“生动直觉”而忽视了对事物的“抽象概括”，那必然会导向教学和思维力培养的误区。因此，在致力于理论教学深入浅出的同时，我也十分注意马克思主义基础理论不可抗拒的逻辑力量。只是作为一种教学风格，一种教育教学思想，我特别注意通过“深入浅如”、“情理交融”，来达到“潜移默化”、“润物无声”的要求。

二、在情理交融中入理入真

根据列宁的思想，在马克思主义基本理论教学中，曾确立了一个“灌输原则”。就是说，无产阶级的世界观和政治观点，是不能自发产生的，它需要灌输。我领会这里所说的“灌输”是从哲学意义上说的，是对于无产阶级思想不能自发产生而说的。从教学论的角度看，从怎样达到“灌输”的要求来说，则应是启发式的，生动活泼的，喜闻乐见的，有情有理的。“知、情、意、行”的德育规律，“动之以情，晓之以理”的中国传统教育都说明了这一点。因此，多年来我一直把“在情理交融中入理入真”当作教学的“上品”来追求。

曾有一个时期，几乎在每一届高三学生中，都有人来找我谈命运问题。我在一个班作了一次问卷调查，相信和基本相信人的一生都是“命中注定”的学生的比例竟达到56%。针对这种情况，在讲了唯物论和辩证法的有关知识之后，我与该班学生进行了一次“一个人的命运究竟由谁来掌握”的专题对话。在对话中有一个学生提出了这样一个问题：一个女孩子去报考演员，没有选上。在走廊上遇到一位名导演，导演让她复试，发现了她的才能，她被留了下来。后来又让她饰演主角，获得了成功。大家说她命好。如果没有遇到这位名导演，她就会被埋没。这不是命里注定的吗？

我和一些不相信“命中注定”的同学们一起给这位同学解释：这不是“命中注定”，而是我们平常所说的“机遇”。马克思主义是承认机遇的。对机遇应当作唯物主义的解释，机遇带有偶然性，但它是必然性的表现，这个女孩子在走廊上遇到名导演，当然带有偶然性，但它是“一个有表演才华的女孩子就会显露出来，就会被人发现”这个必然性的表现。因此，机遇、命运这个东西并不神秘，它是偶然性和必然性的统一，是客观的，是可以解释的。如果看不到偶然性背后的必然性，把偶然性夸大了，就会陷入宿命论，陷入唯心主义的命运观。

这个学生还是想不通。她说：为什么有的女孩子有表演才华，有的却没有，说到底，还不是由命里注定。我继续解释说：“人的才能、才华是有差别的。这种差别应当说与天赋有关，但天赋并不是上天的赐予，并不是‘命中注定’，而是可以用遗传学的知识说明的。因此，人在天赋上的差异，也是客观的，可知的。”

在说明了“命运”、“机遇”的客观性和可知性之后，我觉得还必须进一步说明命运的可变性和可把握性才能解决问题。于是我把讨论继续引申下去：那位女孩子的表演才华肯定与她的天赋有关，但单靠天赋，没有后天的努力也肯定是不行的。关于那位女孩子先怎样靠后天努力的，我们不得而知，但现实生活中有许多这方面的生动事例是可以用来加以说明的。接着，许多同学根据“机遇总是照顾有准备的人”的名言，从物理学家法拉第说到我国著名歌唱家朱明瑛，用许多催人泪下的人和事，说明命运是可变的，是可以把握的。最后，我们用唯物主义哲学家培根曾引用过的一句名诗“人人都可以成为自己的幸运的建筑师”，对这场专题讨论作了小结。整个讨论过程有情有理，有根有据，在相互启迪、情感交流中入理人真，达成共识。

本世纪80年代中期，我国教育界曾针对思想政治教育面对的困惑展开过一场争论。在争论中有人提出过“淡化理论”和“淡化教育痕迹”的观点。对“淡化理论”，如果说这是针对经院式的教学，针对过分拘泥于概念、名词和理论体系的完整性说的，我是赞同的，因为它有悖于这门学科的特点和中学生的生理心理特征；如果这是说在中学里，特别是高中的思想政治教育中，可以淡化理论，甚至不讲理论，我是不赞同的。因为我们的中学生，特别是高中生，到了十五六岁，十七八岁，思维能力已相当发展，社会理想已经萌发，他们开始要用自己的眼睛来观察世界，而又时时感到眼力的不足。他们迫切需要用来说明现象的理论武器，他们渴望从课堂上能得到终身受益的东西，而不仅仅是现象的罗列和一时政策性的说明。关于“淡化教育痕迹”，不管是“淡化教育者的角色痕迹”，还是“淡化教育的成人痕迹”，都是针对当时思想政治教育的时弊提出的，我是十分赞同的。我国传统教育中，历来提倡“耳濡目染”，“潜移默化”，“春风化雨，润物无声”。实践证明，“成功的教育应该是忘记角色的教育”，“有效的教育往往是在不知不觉中完成的”。“淡化教育痕迹”正是为了达到“强化教育”的效果。“板起面孔说教”只能导致政治教育的失败。30多年来，我一直把“在情理交融中入理入真”当作思想政治教育的“上乘”境界来着意追求。

三、与学生的精神需求和切身体验实行交汇

在我国的思想政治教育和整个德育工作中，从传统教育到当代教育，都比较注意社会对学生的要求，而对学生自身发展的需求则比较忽视。但教学实践和教育理论一再呼吁在思想教育中要注意与学生的精神需求和切身体验实行交汇。

那是1984年8月，一位考入南京大学的学生在离校时来向我们告别，满怀激情地谈到了他学习思想政治课的收获。他说：“在我们农村，老百姓都说生产责任制好，我学了《政治经济学常识》，认识到这是党和政府运用生产关系一定要适合生产力性质的规律，自觉调整生产关系，促进生产力发展的结果。老百姓都说开放集市贸易好，我认识到这是自觉运用价值规律的体现。有人说运输专业户是‘二道贩子’，‘兔子尾巴长不了’。我用商品流通对商品生产有反作用的道理，来说明党鼓励、支持运输专业户，多开流通渠道的政策不会变。”最后这个学生深有体会地说：“这使我认识到党制定的方针、政策都是以马克思主义的基本理论为指导的，都是为人民着想的。”

送走了这位学生，我想，在思想政治课的教学效果很不理想的今天，他为什么能获得如此深刻的体会呢？原来，这位农村学生的家庭经济原来比较困难，但在实行生产责任制和发展商品经济以后境况有了明显好转。他经常根据自家的切身利益来对照党的方针政策，并对与之有关的理论观点也感到特别亲切。

这位学生的情况，使我想起毛泽东同志总结第二次国内革命战争的经验时说过的一段话：“要使广大群众认识我们是代表他们的利益的，是和他们呼吸相通的。要使他们从这些事情出发，了解我们提出来的更高的任务……接受我们的政治号召，为革命的胜利斗争到底。”我想群众的切身利益是他们接受党的主张的深厚基础。这位学生之所以对马克思主义的基础理论和党的方针、政策有如此深切的体会，正是因为所学理论与他的切身利益的体验交汇在一起了。由此我进一步想到，如果在我们的思想政治教育中，能够找出更多的交汇点，那么，肯定能够更好地促进教育的良性内化过程的实现，从而提高思想政治教育的效果。在这期间，《政治教育》发表了一篇很好的论述思

想政治课吸引力的文章，文章说趣味性是增强吸引力的表层动因，马克思主义的不可辩驳的逻辑力量才是增强吸引力的深层动因。结合上述教学实践，我进一步想，如果把马克思主义的理论力量和学生的实际体验交汇在一起，就会产生更大的教育效果。于是，我开始了寻求思想政治教育交汇点的教育实践活动。

一天傍晚，我去学生宿舍，在很远的地方就听到宿舍里一片热闹的谈笑声。我刚跨入门槛，谈笑声戛然而止。问其故，学生笑而不答。再三询问，学生才不好意思地说："我们在谈一个男学生怎样才算有风度，怎样才算美。"在返回办公室的路上，我想，爱美之心，人皆有之。学生爱美而不敢言美，求美而不善审美，我们不能给学生上点审美课吗？于是，我以《一个人怎样才算美》为题给学生开了一个审美讲座。这个讲座受到了学生的极大欢迎，在课堂上报以热烈的掌声，课后还有学生来继续探讨。他们说像这一类的课早就应该给我们讲了。没有听到这类课的其他班级的学生也邀我去讲。结合寻求思想教育交汇点的实践，对这一教育现象我作了反复的思考。行为科学告诉我们："内在精神需要是人的高层次的需要。"教育心理学还告诉我们："当外部教育因素触及了学生的内在精神需要的时候，就会使受教育者处于一种积极的接受状态，从而产生良性的内化过程。"这些观点帮助我认识到，这类课之所以受到学生的欢迎，是因为它在一定程度上满足了学生的内在精神需要，使学生困惑不解的问题得到了一定程度的解答，并在行为上得到了明确的指导。在对这一教育现象获得了一定的理性认识之后，我确信"学生的内在精神需求"应是思想教育的一个重要交汇点。

我校有一名学生酷爱物理和数学，曾在1985年全国物理竞赛中获江苏赛区第一名，数学竞赛中获二等奖。他曾一度对政治课的学习很不感兴趣，但后来，哲学却成了他的三大爱好学科之一。原来他渴望自己成为一名物理学家，而他在阅读一些著名物理学家的传记时，发现物理学乃至整个自然科学与哲学竟是那样密切地联系着，许多科学家的成就都得力于他们进步的哲学思想。于是，他开始自觉地学习哲学了。了解了这个情况，我因势利导，给他介绍《科学思想史》、《自然辩证法浅释》等著作，进一步巩固和发展他的认识。后来，这位学生在全国物理竞赛第三试中失利，思想波动较大，我又启发他就物理、数学竞赛的成功和失败进行哲学思考。这使他认识到一个既定目标的实现，不是单凭知识，也不是单凭处理好知识和能力的关系就能奏效的，它还要处理好成长过程中可能遇到的一系列矛盾，努力提高自己的心理素质和精神境界。从这位学生的成长中，我又看到了“学生的特殊兴趣和爱好”也是一个实施思想政治教育的交汇点。

在物理现象中，当策动力的频率跟物体的固有频率相等的时候，就能产生共振；在文艺欣赏中，当审美对象深深拨动了审美者的心弦的时候，就会发生共鸣；在思想政治教育中，当教育内容和学生的思想实际交汇在一起的时候，就能取得最佳的教育效果。总结多年的“寻找”实践，我写了一篇《寻求思想教育的交汇点》的论文。这篇论文曾在1986年全国中小学思想教育学术讨论会上宣读，并在《人民教育》等5种杂志上刊载和转载。思想教育与学生的精神需求和切身体验交汇，是我的“潜移默化，润物无声”教育教学思想的一种体现。

四、社会转型时期给学生以正确导向

每当在电视节目中，看到那些中华传统美德与现代意识和谐统一于一身的“东方之子”时，那些体现时代精神、催人奋发向上的动人故事时，那些开阔视野、活跃思维对焦点问题的精辟分析时……就使我禁不住产生一种“教育冲动”：把这些节目录制下来放给学生看，该有多好！我想，社会存在决定社会意识，我们对社会上假恶丑的东西对学生的腐蚀忧心忡忡。如果把这些反映社会发展主流的东西及时地形象地展现给学生，就不仅能抵制假恶丑的东西对学生的腐蚀，而且对学生形成正确的世界观、政治观、价值观、审美观乃至思维方式将产生积极的重大的影响。在社会大变动时期，道德品质和思想政治教育滞后于形势的发展是难以避免的，如果能够把这些反映时代脉搏的材料及时展现给学生，就不仅可以弥补教育滞后的缺陷，而且可以和课堂上讲授的基本观点相互补充、相得益彰，增强德育的效果。一个时期以来，我们都在为德育手段的落后和效益的不高而苦恼。如果我们借助于电教手段和生动形象的材料，寓教于乐，寓教于形象激励和情理交融之中，就会更易于入耳入脑，为学生所接受……于是，我开始了一种尝试：把中央电视台和地方台有助于对中小学生进行德育的节目分门别类地录制下来，配以必要的注释和解说，然后通过课堂、课外活动、团队活动等渠道播放给学生看。一年多来，在学校和教育局领导的支持下，我围绕“社会转型时期给学生以正确导向”这个中心，按照《东方主子》、《焦点访谈》、《神州风采》、《今日世界》、《雏鹰行动》、《第二起跑线》、《品德教育》、《法制教育》、《经济常识》、《哲学常识》、《政治常识》等10多个门类，录制了80多集人和事，计40多个小时。市教育局电教馆还准备帮我将比较零散的材料加以编制，配上解说词，以增强效果。目前，这些材料正在我校和兄弟学校选用，反映良好。

我国传统德育十分重视理想人格的激励和导向作用。在我国历史的长河中，曾塑造了一批批先哲圣贤、仁人志士，他们又教育出一代代伟人豪杰、民族英雄，构成我们民族的脊梁。文天祥在他的《正气歌》中所描绘的“在齐太史简，在晋董狐笔，在秦张良椎，在汉苏武节。为严将军头，为嵇侍中血，为张睢阳齿，为颜常山舌。或为辽东帽，清操厉冰雪；或为《出师表》，鬼神泣壮烈；……是气势磅礴，凛冽万古存”，正是这一德育景观的写照。然而理想人格既有继承性，又有很强的时代性。它需要随着社会的发展，用新的理论、新的观念、新的内容加以充实和发展，特别是在当前社会转型时期，更需要把中华传统美德与现代意识和谐地统一起来。中央电视台的《东方之子》和地方台的有关栏目，在这方面做了很好的工作，它们所提供的一个个光彩照人的形象，不仅体现了继承性、时代性，并且具有多样性、群众性，为我们用现代理想人格塑造人提供了丰富的材料。一年来，我以“中华传统美德与现代意识和谐统一”为基本要求，先后录下了50多位杰出人物的形象。如上海“抓斗大王”全国劳模包起帆和黑龙江“养鸡大王”韩伟，他们不仅具有勤劳纯朴、自强不息、无私奉献的美德，并且具有开拓进取、重视科学技术、面向未来的精神，展现了当代劳模的风采。天津有一位大提琴演奏家叫董金池，他谦虚自尊，而又自信用西方乐器演奏中国乐曲，能够在世界乐坛上占一席之地，为中华民族争光，因而勇于毛遂自荐，认为自己是一位“东方之子”；他刻苦学习，锲而不舍，而又大胆创新，在继承东西方演奏技巧的基础上，加以发展，形成自己独特的风格；他立志成名成家，而这种愿望又是建立在掌握了娴熟的大提琴演奏技巧、通晓民族乐曲乐器以及立志报效祖国这种深厚的基础之上。这些平凡而又崇高、“传统”而又“现代”的人物形象，增强了当代青少年的亲切感和认同感，进而增强了对他们的吸引力和导向作用。

我国传统德育注重受教育者进行自我教育，提倡“反省内求”，“见贤思齐（齐：看齐），见不贤而内省（省：反省）”。这个德育传统在今天有特别的现实意义。因为在社会转型时期，一方面新思想、新观念、新事物不断涌现；另一方面，腐朽消极的东西也沉渣泛起，相伴而生。我们的学生由于年龄较小，知识、阅历不足，往往缺乏准确观察社会的能力，容易受消极东西的影响。社会上流传的6+1=0（即一周在校受6天教育，被一个星期日所受消极影响所抵消）就是这个问题的反映。针对这一普遍困惑的现实情况，引导学生正确地观察社会，提高学生辨是非识美丑的能力，使学生懂得“见贤思齐，见不贤而内省”的道理就显得特别重要。基于这一思考，我首先注意转录反映时代精神和社会主流的东西，反映正确处理社会转型时期矛盾冲突的先进思想和先进人物，以给学生提供正确的舆论导向。其次，转录一些真善美和假恶丑具有对比意义的典型材料，通过强烈的颂扬和鞭笞，使学生逐步树立“见贤思齐，见不贤而内省”的观念和习惯。再次，也注意转录一些反面教材。千岛湖事件审判时，我从浙江电视台转录了对3名罪犯的判决以及他们忏悔的实况，让学生看到几个罪犯的罪恶活动给人民和整个民族造成多么巨大的损害。长春市一名19岁的青年，为还赌债而勒索钱财，将一名8岁儿童杀害，临刑前与父母诀别时有一段发人深思、使人警觉的对话。我录下了这个镜头，看过这个片断的学生都深受震动，有学生说：“这个镜头使我终生难忘！”

爱国主义是德育的基础。社会主义、集体主义和正确的政治观、价值观、伦理观以及优良的道德品质和行为规范的形成，都与深厚的爱国主义情感紧密相联，特别在改革开放和世界政治经济关系日益密切的今天，爱国主义的基础性质更为明显。因此在我选录电视教育材料时，十分重视有助于发展爱国主义的材料。对祖国、对民族的深厚情感是经过长期的以及多角度、多层次的熏陶而形成的。在我选录的材料中，有徐洪刚、叶乔波、刘志艳等在国旗下对祖国所表达的那种坚贞不移、无怨无悔的真挚情感；也有归国青年学者陈章良、王海涛等从母亲讲述的“岳母刺字、精忠报国”的故事中获得熏陶进而立志报效祖国的深情陈述。黄河、长江、泰山、黄山等名山大川可以激发对祖国的热爱之情；《高山流水》、《二泉映月》、《在松花江上》也能陶冶对祖国的真挚之爱。1994 年 9 月发生银河号事件，中央电视台抢拍了美国人员在银河号上蛮横检查船上货物的镜头，并在解说中再一次提出“弱国无外交”的历史警言。我录下了这一令人悲愤的镜头。播放时让同学们联系“火烧圆明园”、“甲午海战”等历史事件，深刻理解“发展才是硬道理”的至理名言和“建设富强、民主、文明的社会主义国家”的极端重要。1994 年 5 月中央电视台在《焦点访谈》中播放了一个专题：换一个角度看中国，该片访谈了来自美国、日本、澳大利亚、韩国、乌干达等 10 多个国家的企业家、留学生，请他们谈他们眼中的中国。这些来自不同国家的人士，从不同的视角道出了一个共同的认识：中国在世界的和平和发展中具有举足轻重的作用和辉煌的前景。这开阔了我们的视野，活跃了我们的思维：一个有 5000 年光辉历史、对人类作出过卓越贡献的民族，必将在未来的世界中对人类作出更大的贡献。民族的自尊、自信、自强之情也就油然而生。

中学思想政治课教材所阐述的马克思主义的基础知识和一般社会科学知识，在整个德育系统中具有不可取代的作用，它担负着为学生形成正确的世界观、政治观、价值观以及良好的道德品质和行为规范提供知识基础和理论支撑的任务。然而教材具有相对稳定性，相对于飞跃发展的形势来说，往往显得滞后；相对于火热的现实生活来说，则显得抽象。作为一名政治教师，在选录电视材料时，我还注意与课本基本知识的有机结合，一方面使教材基本知识活化；另一方面把电视材料提到理论的角度去认识，使两者相互补充，相得益彰。在 1993 年首届国际大专辩论会中，初赛的《温饱是谈道德的必要条件》的辩题，半决赛的《艾滋病是医学问题，不是社会问题》的辩题，决赛的《人性本善》的辩题，涉及到中学思想政治课教材的许多基本观点。学生对辩论会的实况录像很感兴趣，但对正反方的观点孰是孰非，莫衷一是，不会作辩证分析。针对这种情况，我结合学生所学知识提出：从经济基础与上层建筑、政治与经济的关系上看，我们不能脱离温饱而空谈道德，不能轻视经济建设而片面夸大上层建筑的反作用；然而不能说没有温饱就绝对不能谈道德，在经济建设中忽视政治、道德等上层建筑的巨大能动作用也是不对的。用辩证的观点看，艾滋病既是医学问题，又是社会问题。把医学上的攻坚纳入整个社会系统工程之中，在整个社会系统工程中努力寻求医学上的突破，方是应采取的对策。从社会存在与社会意识的关系上看，人的本质是社会关系的总和。探讨“性善说”和“性恶说”的社会价值在于充分发挥社会教育功能，扬善抑恶，造就对社会有用有益的人才。从这里让学生领略到马克思主义基本原理巨大的社会应用功能。卢旺达战乱发生后，我录下了卢旺达难民大逃亡的材料，在分析造成卢旺达局势动荡的原因时，我结合课本知识解释说：一个国家采取什么样的政党制度，是由这个国家的性质和历史传统等具体国情决定的。多党制是资本主义国家政党制度的形式，它反映资本主义私有制的性质和各大垄断资本财团的利益，为维护整个资产阶级的统治服务。如果不顾具体国情硬性移植，就可能造成被植国家的政局动荡，特别是长期被帝国主义分割统治获得独立不久的国家更是如此。法国一直把非洲视作自己的后院。1990 年 6 月在第 16 次法非首脑会议上，法国领导人大力向非洲国家推销“多党制民主”，并宣布今后法国对非洲国家援助的多寡，将视受援国“民主化”和“尊重人权”的程度而定。卢旺达军人总统哈比亚利马纳回国后立即宣布推行政治改革，实行多党制。为此，法国于 1991 年向卢旺达提供 7 000 多万法郎的援助和 7 000 多万法郎的赠款。但是，绝大多数非洲国家的社会结构是部族或部落制，独立后曾长期受到遏制的部族主义借着多党制之风还魂，然后卷入争权斗争。1994 年 4 月，属于胡图族的卢旺达总统遭袭击而丧生，胡图族军人又杀害了属于图西族的女总理和 3 名政府部长，从而使两大部族之间再次掀起仇杀之风。把课本知识与现实情况这样结合起来，学生感到学“活”了。

随着现代科学技术的发展，生产的社会化程度进一步提高，社会分工更趋精细而综合性要求则日趋明显，知识更新加快，文理相互渗透……这些反映在人才规格的要求上，则是要有更为合理的知识智能结构和更为优良的整体素质。因此，全世界都在注重整体素质教育。在这个大背景下，德育的视野应当进一步拓宽。我在选录电视材料时，既注意基础性的和贴近学生实际的，同时在时间和空间上也力求放得更开阔些。上海东方电视台的《东方小故事》，汇集了中华传统美德的精粹，是对青少年进行品德和智慧教育的好教材；中央电视台的《第二起跑线》是中学生的专栏，形式生动活泼内容贴近中学生实际，融娱乐性与教育性于一体，也是陶冶情操、发展智能的好材料，我都注意系统转录。随着独生子女的增多，“学会生存”、“学会关心”、求自主、抗挫折的教育显得越来越重要。为此，我录制了中央电视台《雏鹰行动》的大部分节目。全国十佳少年杜瑶瑶在艰辛环境中的非凡毅力，张喜忠在危难关头的挺身而出，在小学高年级和初中学生中反应特别强烈。为增强学生的跨世纪意识，我还注意转录展现未来的材料。《人与自然》栏目中所显示的生态环境意识，《科技时代》栏目中所显示的科技意识，中外科学家对彗星撞击木星所作的准确测算，两院院士谈未来所显示的人类的巨大能动作用，不论在培养学生的跨世纪意识，还是在启迪学生在未来世纪中怎样找准自己的坐标位置为人类作出更大贡献等方面，都将起到春风化雨、潜移默化的作用。

讲台三尺写春秋

◇ 王树声

作为一名教师，其教学思想主要体现在教育观念上，包括对教学、对学生、对教师自身、对教育质量等一系列看法，并在其教学行为中反映出来，这是通过学习、实践、自身素质、集体影响、环境培养等多方面因素形成和发展的。我自 1949 年参加到教师行列以来，在 40 多年的教学生涯中，有很多体会、想法，它们融进了自己的思想和情感，形成了观念和认识，1988 年我退离教学岗位以后，又从讲台走上荧屏，重新获得了教学青春，从培养年青的学生到培养年青的教师，在新的教学形象的创造中发展了自我，得到了教学上的满足。能够把人类长期实践、创造和积累下来的知识，通过自身的努力，传授给下一代，并以完美的人格标准和正确的观点去塑造新的一代，这恐怕是教师最崇高的任务和最大的欣慰了。教育工作联系着千家万户，也关系着千秋万代，而这一切则需要每位教师以自己的奋斗和智慧、行为和形象去教育学生，影响学生，所以说教育是哲学、科学、艺术、技术四者的结合并不过分。基于以上想法，我想把自己在教育、教学中的认识与实践，以及学习中的心得体会归纳为几个方面。我想到，黑板虽小，曾是我成长经历的背景；讲台不大，却是我从事教学活动的宽阔天地。正所谓“黑板春秋盛，讲台天地宽”。因而以此意命为篇名，以就教于地理教育界同行与广大读者。

一、我的教师观

教师是培养一代新人的工程师和艺术家，是人类科学文化知识及思想观点等宝贵遗产的继承者和传播者。教师要开发年青一代的智力，传授知识，培养能力，进行思维训练，塑造完美的人格。我们培养的人才能否保证质量，学校能否办好，很大程度上决定于教师，其关键则在于教师的素质，这是我对教师工作的基本认识。我们地理教师是地理教育目标的组织实施者。提高地理教学质量的重要环节，有赖于形成一支不断加强师德修养、自觉提高专业水平与主动锻炼教学能力的地理教师队伍。下面分别加以阐述。

（一）我对教师工作的看法

教师观是教育思想的直接体现，是随社会发展而变化的。封建社会重经师而贬蒙师，经师是“传道、授业、解惑”，讲究“修身、齐家、治国、平天下”的；而蒙师则为“童子启蒙之师”，不被重视。我在儿时曾读过私塾，那时的塾馆不过是寺庙中的几间破旧房舍，陈设着几条简陋的桌凳而已，教私塾的老先生是很清苦的。外国历史上启蒙教师的地位也是十分低微，不被尊重的。今天在社会主义的中国，教师的地位与作用从性质上发生了根本的变化。我们既要为下个世纪的现代化建设提供大批优秀人才和训练有素的劳动者，又要从中国的国情出发，为国家的改革开放、经济发展与政治稳定，培养坚持四项基本原则的可靠接班人。因此教师应从所处的地位和作用出发，明确任务与职能，从当前教育在人类社会发展和进步中的作用来考虑，以适应形势的变化。

从当前教育面临的形势和任务看，我以为教师正肩负着物质文明与精神文明建设的重任。现代教育与现代科学技术、现代生产是三位一体的。教育要为科技与生产分别提供不同的人才，科技与生产又分别向教育提供新知识、新的技术手段、资金设备，并提出对人才的要求。培养什么样的人才及其规格标准，怎样培养这些人才，今天显然不同于历史上的任何时代。新的人才水平直接关系到21世纪我国科学技术、经济建设和生产发展水平，更关系到全民族的精神风貌、道德水平和劳动者素质。教师作为两个文明建设基础工程的一员，确实应该意识到肩负的重担而自觉锻炼成长，不断完善自己。

随着时代的前进与科技的发展，也随着生产力的提高与当前人类面临新问题的不断出现，我觉得教育不可能置身于世界性的思想行动的新潮流之外，它不仅在传授知识技术的内容与手段方面面临新的挑战，在更新人们的价值观念等方面更是大有可为。教育应该面向世界的重大问题，培养年青一代能适应未来的生活，在这方面，教师必须深入地理解“教育要面向现代化、面向世界、面向未来”的深刻意义和丰富内涵。由于科学技术、交通运输、信息传递等的发展，人类生活的空间已扩展到全球范围，教育要培养新一代具有视野广阔的世界观，具有对未来社会所必需的性格、品质以及科技意识等。在现代社会的新形势下，我们所教育的对象也势必要发生新的变化，他们会更多的参与学习活动，因为新的教育手段（如广播、电视、录像、激光唱盘、电脑等新的技术）被引进学校，学生获得知识与信息的途径扩大了，他们在学习方面的创造性将极大地发挥并更加受到重视，教师的权威将不再建立在单纯传授知识、学生被动学习的基础上，而应建立在学生积极参与、教师善于引导、充分发展学生智能的基础上。教师要能帮助学生在自学和独立获取知识的道路上迅速前进，他更多的应是一名向导和顾问。教师的引导、指导、辅导是新型的师生关系的重要表现形式。以上是我对教师在未来教育工作中的作用与师生关系的理解。

教师的工作具有创造性、连续性、复杂性等特点。这是因为塑造人的工作是复杂的系统工程，它涉及到社会、家庭等不同的环境，联系到人的生理、心理等不同的特征；每位教师每年所接触的学生都会有其特点，因此就必须创造性地进行工作，不能雷同。但是教育工作又有其阶段性和连续性，随着学生的成长，教师对不同的年级集体所产生的影响，会在学生身心中留下不可磨灭的教育痕迹，这也就是它的复杂性所在。教育常常是集体教育的结果，一个良好的教师集体也更会促进教师个体作用的发挥，而对学生真正的教育成果和效益往往要在他们走上工作岗位后才显现出来。一个教师的教学行为、知识水平、工作能力、道德品质、生活情趣等都会给学生留下印象，并在其成长过程中发挥作用。我在40年教学生涯中，教过的学生为数不少，无论是做过他们的班主任，还是仅教过他们的地理课，许多毕业生还能记起我，甚至在我退休后过教师节时给我写信。1988年当我60岁生日时，1957年毕业的一个班为我祝寿，送了我一首词，调寄浣溪沙：

“漫对风烟过讲坛，潜心执教四十年，
胸中自有万重山；
造就雄鹰联翩起，赢得华发换朱颜，
千株桃李树君前。”

词中当然有溢美之句，但我确实从心底感到欣慰和幸福。1991 年 1、2 期合刊的《中学地理教学参考》曾以“山川万重桃李千株”为主标题对我作了介绍，就是从这首词中的两句演化而来的，作者熊英、群生就是“雄鹰班的一群学生”的意思。另一位曾经和我探讨过学问并自学成才的年青朋友写了“师魂”两字赠我，使我既感到为人师者的自豪，也时时使我警醒，不得有负众望，不得愧为人师。因此我深感教师要有“教师意识”，随时想到自己的影响，教师工作是使人终身奋进自律、不断学习提高的职业。

（二）努力形成良好的素质是时代的要求

素质指人们固有的品质特点，既包括先天的生理特点，也包括后天形成的稳定的心理品质，如精神状态、道德面貌、意志品格、兴趣爱好、文化修养、风度气质、智能结构等，它可以反映一个人的工作态度、生活作风、待人处世、言谈举止、教师的教学风格等许多方面。素质的形成与发展是家庭与学校教育、社会影响、人际关系、自我修养等多种因素造成的。教师的素质尤其重要，因为他面对的是一群正在成长中的孩子，教师的影响是“随风潜入夜，润物细无声”的。他在无意中的一言一行可能给学生留下深刻的印象，可以说教师的素质随时随地都在发挥着教育的作用。

由于教师职能的变化，所以教师的素质也必须与之相适应。中学地理教师应该学识渊博，视野广阔，兴趣广泛，并具有较强的教学能力。特别应该注意：

1. 要有创造革新意识

由于现代社会和现代生产与科技的发展日新月异，我们的教育对象也时时处于变化之中，因此从事教育教学工作就不能墨守成规，只凭经验办事，而必须开动脑筋，创造性地进行工作。在教学中，对教材的处理，教法的设计，教学手段的运用，都应该考虑不同于以往的新的设计，这样才能突破传统模式，有所前进。

2. 要具有开放意识

这是与封闭式教学相对立的教学思想，要培养学生的参与意识和探索精神，不满足于书本或权威的结论。例如，曾有一个时期我们在学习中只强调要明确学习目的，而不谈学习兴趣，这恰恰是违背学习规律的。又如，50 年代初曾把地理环境决定论当作是反动的资产阶级地理理论进行批判，从此地理环境对社会历史作用的研究就成了禁区，地理环境对经济、政治、意识形态所产生的影响和作用更无人敢提，这些都应该重新考虑。在教学方法上不受已有课型的限制，要结合实际，大胆设想，勇于实践。

3. 要有整体意识

地理教师不仅要参加地理教学的实践活动，同时要注意地理学科与其他学科的横向联系，例如数学、物理、化学、生物、历史、政治等；也要注意与教育学、心理学、环境科学的联系；在地理科学与地理教学之间，无论从理论、应用、技术等方面都应注意其发展动向。目前科学技术的综合发展，许多边缘科学的出现，都给地理科学与地理教学提供了丰富的营养和可以借鉴的内容。地理教师要广泛涉猎这些知识，从总体上了解本学科的地位与作用。

4. 要有终身学习的意识

地理科学、环境科学、教育学、心理学，各种现代化教学手段都在不断发展。作为地理教师要不断学习，猎取新信息、新知识、新观点，博采众长，为己所用，切忌深居简出，孤陋寡闻，更不能盲目自满，故步自封。要终身受教，不断提高，丰富自己，修正不足，逐步形成自己的教学风格。当前世界培养教师的趋势是在校与在职同时进行，培训已不限于扩充知识，而是把进修与提高教学能力、提高教学质量与教育科研结合起来，这些都是为了适应形势发展的需要，而对教师素质提出的新要求。如北京教育学院为高级教师开设的研修班以及其他继续教育的措施即属此举。我在 1993 年被该院地理系聘为兼职教授，这对我来讲也是继续学习的机会。

（三）教师的道德修养是良好素质的基础

中学地理教师的良好素质应以道德修养为基础，以国家对中小学教师的职业道德要求为准则，以《中华人民共和国教师法》对教师的要求为依据。其中热爱教育事业是核心，对地理教育的坚定信念和积极态度是地理教师道德修养的思想基础。每位地理教师都应以强烈的事业心来对待地理教育工作，把平凡的日常工作与未来的事业联系起来，使自己的教学活动成为整个教育事业的一个组成部分。一个人认识到自己所从事的工作的意义，就有了勇气和力量，不仅不会妄自菲薄，而会是满怀信心，执著追求，既能克服工作中的困难，也可为战胜自己而奋力拼搏。其中严以律己、不断增强教师意识和加强道德修养是最关键的。教师工作应该是人格的表现，它像好的文艺作品一样体现一种人格美，这应该是我们追求的圆满境界。

热爱学生是教师道德修养的核心。教师对教育事业的忠诚，集中体现在对学生的热爱上。学生是祖国的未来，教师热爱学生的思想基础在于对祖国教育事业的责任感，凝结着对理想的憧憬和对真善美的追求。教师对学生的爱是师生间相互信任的桥梁，是思想教育的重要条件。一个学生家长曾经告诉我：当这个学生因病在家休养时，他向家长说，今天老师会来看我的，果然当晚我去看他了，这使他非常感动。我曾向他的家长讲，这个孩子只要下决心努把力，少贪点玩，上课专心些，他的学习会在班上居于前列的。据他家长讲我这番话对他的进步起了很大作用，这就是师生间的信任。目前这个学生在国外工作，在我生日时曾打长途电话来向我祝贺，平时回国时也常和我联系。另一个在兰州教过的学生学了地理专业当了教师，在我去兰州开会时，他特地从外地赶来看我，并且说他学地理专业是受我的影响。还有一个在湖北任教的学生，在读了《电视月刊》（1984.5.）上刊登的《老师·明星》一文（该文系我主持的“北京中学生智力竞赛”的导演所写），并看了我主持的节目后，在《电视月刊》（1984.9.）发表了《我崇敬的良师》，回忆了30年前的情景。还有一个1951年参军后来转业到天津工作的学生，和我长时间未联系，也是在看了中央电视台我主持的节目后，才又联系通信。1987年我去天津开会，他到宾馆看我，畅谈几个小时。在我离津时，他骑摩托车跟随我们乘坐的汽车，一直送我36公里，出了天津地界，他讲36年不见老师了，一定要送36公里。这些事实都说明了良好的师生关系包含着信任、理解、关怀，是一种崇高的爱心，对学生的成长发展有不可估量的作用，它是尊重信任与严格要求相结合的巨大教育力量，这种爱所形成的师生关系是长久的，无论学生工作后职位如何，他们对老师的感情是永远存在的。

高尚的师德和为人师表是教师道德修养的行为准则。教师在思想、品德、工作、学习、生活、谈吐、举止各方面，都应成为学生的榜样，一言一行，一举一动，一颦一笑，都可能给学生带来影响，学生常常从教师的眼色、表情获得暗示、鼓励、启发。一个师德高尚的教师集体对学生、家长、社会都会带来教育作用，这也有助于建立教师的威信。师德还应表现在对工作的认真负责，钻研业务，对学生循循善诱，关心耐心，生活中的待人接物，都应是文明行为的体现者，这些就会成为无声的教育力量，会在学生心目中留下美好崇高的形象，成为他们模仿效法的目标。

（四）自觉提高教学能力是不断进步的源泉

地理教师的教学能力在一定程度上决定着他的工作水平，它是为完成教学活动应具备的心理品质，是可以提高和发展的。有时一名合格的师范院校毕业生，不一定就是一名合格的教师；学习成绩很好但教学能力较弱的师范生，其教学效果有时不如学习成绩稍弱而教学能力较强的同学，这里，教学能力的作用是很重要的。我指导教育实习或帮助新教师备课，不是一遍遍让他改写教案，而是先听他讲自己对教材的理解和对教法的设计意图，然后再让他落笔写教案，这就是说指导开始于写教案之前。教案写好后要听试讲，这是对综合能力的考查。教案中的想法是否能体现出来在于实践，这时要精心指导，包括教学常规，组织教学，起始语言，导入新课，承转小结，提问设计，板书板画的安排，挂图及指图，甚至课堂转身都要示范，以免背向学生。年青教师第一次上讲台的准备工作一定要充分，这关系到他做教师的信心和给学生的第一印象。因此教学能力的培养应该从作为师范院校的学生时就开始，而不是走上教师岗位以后。一名合格的地理教师，要不断完善自己的能力结构，我以为，以下十个方面的能力是应该具备的。

1. 观察、研究和鉴别学生的能力

教师要了解教育的对象，需要平时注意观察和研究，包括一般了解年龄特征、知识水平、兴趣爱好、家庭与社会影响，还要了解个性差异及其形成发展，智力与非智力因素的特点等。了解方式除阅读有关书面材料外，更多地靠平时交谈、访问家长和教师，并从活动中观察，从课堂提问、作业与试卷中了解，与同年级中其他教师交谈，参加家长会或班级活动等了解。目的是为了更好地教育学生，密切师生关系，掌握教育规律，了解后要及时进行分析研究与鉴别，作出相应的教育计划或提高质量的措施。

2. 驾驭教材、钻研教材的能力

这是教学的专门能力，教师要上好课，就要备好课，首先是钻研教材，包括教学大纲、课本、地图册、教学指导书及有关参考书。掌握了教材的内涵与外延，才能驾驭教材，运用起来得心应手。钻研得透，驾驭得活，讲起来深入浅出，讲练适当。既不过多地旁征博引，喧宾夺主，也不干巴艰涩，枯燥无味。我经过多年探索，感到课堂教学中要“留有余地”而不要追求“天衣无缝”；要讲清基础知识而不要“面面俱到”；要给学生一定的思考时间而不要占满学生时间；要重在灵活运用知识而不要只重视积累知识；要承认学生的差异而不要一个标准。为做到这些，备课中就要考虑教材的主次与取舍，教法的设计与运用等。在钻研教材的过程中，既要善于思考，也要能模拟想象教学过程中的情况。

3. 设计教法和运用现代化教学手段的能力

地理教师应研究地理教学方法的作用、组成及设计依据，各种知识的具体教法和教学手段的运用，特别对现代化教学手段要认真掌握。我们的教学形式与手段应跟上知识发展的步伐。过去从耳提面命、绛帐受教的传授知识方式到一块黑板、几支粉笔的课堂教学形式，已经历了千百年，今天现代化教学手段的出现反映了教学方法的革命，体现了时代的要求，不能让 90 后的学生再去体验几十年前的教学手段，我们应努力学习声像教学等一两项现代化教学手段，以适应当前教学的需要。目前许多年青教师设计的电脑软件已在地理教学中应用，是十分可喜的现象。

4. 开发学生智力，教会学生学习方法

开发学生智力是当前教学改革的重要内容之一。地理教师首先要不断完善自己的智能结构，提高自己的教学水平，注意培养学生对地理事物的观察、记忆、想象、思维等方面的认知能力；同时还要注意培养学生运用地理规律与理论的推理能力，参与地理实践活动的应用能力，以及运用地理知识从事创造性活动的创新能力。以上几方面的能力分属于不同层次，须在平时教学中有意培养和训练，这就要丰富学生的知识，设计启发积极思考的问题，运用一定思维技巧，教会学生掌握知识的归纳、演绎、分析、综合、比较、判断等学习方法。告诉学生如何整理知识系统，总结知识规律，记忆地理名称，分析知识联系等。教师要提高自己的思维能力，从多方面设计问题，才能训练学生会想问题，会分析思路，会运用地图及图表等进行学习。重视并教会学生掌握学习方法是以学生为主体的体现。

5. 准确、生动的教学语言的设计与表达能力

地理教学语言是传递知识信息、启发学生思维、进行思想教育的重要表现形式和工具。教师的教学语言常常直接影响到教学效果，因此教师要根据教学语言的基本要求——准确、生动等来进行设计。准确，意味着精练、科学；生动，意味着形象、直观。准确可使人思考，生动易唤起人的想象。教师要不断体会教材，丰富词汇，加强语言修养，运用语言技巧使知识内容以生动活泼、科学系统的方式进入学生的记忆中。所以教学过程中仅仅能用语言表达还不能认为达到了要求，还要讲求语言的艺术。通过设计，适当运用艺术的语言进行教学，应该是我们努力的方向。

6. 命题、提问等了解学生学习情况的能力

教师要随时注意学生的反馈，以便调控教学进程。学生听讲时的反应，对提问的解答，指图中发现的问题等，都是随时可了解到的。关键还在命题与提问的设计，是单纯检查知识的积累和记忆，还是检查知识的联系综合与灵活运用的能力，这里反映了教师对学生掌握知识的不同要求，也对教师命题水平提出了较高的标准。对不同性质的考查，不同的知识内容也要有所区别。平时提问既有对记忆基础知识和理解基本概念的考查，也有对空间概念和地图能力的掌握的考查。阶段（期中、期末）考试则是检查对知识的综合掌握和灵活运用的程度。命题设计能力是需要不断锻炼提高的，教师要思路灵活，知识联系广泛，从多层次、多角度考虑问题，才能设计出有一定水平的试题。这需要平时多看多想，反复实践，熟悉基本题型与解题思路，有意识地提高命题的能力。

二、我的教学观

教学观是教育思想的一个重要组成部分，它是人们在教学实践过程中，

对教学现象及其规律的看法。例如，教学主要是传授知识还是发展智能？二者是统一起来还是只注重前者？又如，在教学中教师与学生谁是中心？还是互为中心？这些就是不同的教学观。一定的教学观，取决于一定的社会和时代对教学的要求，以及教学理论的发展水平，同时也反映了教学的实践情况。科学的教学观，就是人们对符合社会与时代要求、能全面反映教学客观规律的教学现象的正确看法。我认为作为教师应该在不断实践与学习过程中，经常对那些非科学性和片面性的教学思想进行鉴别、修正甚至摒弃，而不断形成科学的教学观。传统的教学思想主要以传授知识为主，但也有不少符合教学规律的看法，不能一概加以否定。历史上不少教育家都对教学过程中的问题进行过探讨，提出过一些教学原则和有益的主张，应该予以肯定和继承。当前国外也有许多新的教学理论和教学原则，也提出过不少新的方法，我们既不能墨守成规，也不能全盘照搬，应结合我们的实际，洋为中用，古为今用，博采众长，为我所用。所以改革传统教学方法，借鉴国外经验，形成自己的教学特色，是我们应该注意的。教学观是教学思想的反映，如果加以总结概括提高，上升为理论形成体系，即成为教学理论或教学论。我们在教学过程中总会有教育思想反映在实践活动中，应随时注意总结积累。我过去在教案后面坚持写“课后记”，记录教案执行中的体会与得失，并劝年青教师也如此做，不少教师感到受益良多。这样有意识地把教学过程中的成功与问题随时记录并进行剖析，总结经验教训，是有助于提高教学质量和理论水平的。

（一）教师的主导作用在于使学生成为学习的主体

在教学过程中，教师与学生是两个最基本的因素。师与生、教与学，二者的地位、作用和相互关系是每位教师必须明确认识的。我以为二者是相互依存、相互联系的辩证统一关系，教师的教，是已知者向未知者传授知识、培养能力、进行思想教育，使未知者变为有知；学生的学，是未知者向已知者求知，在已知者的指导、引导、辅导下，学习教学内容所规定的知识，发展智力和能力，提高认识，树立正确观点，使自己由不知、不能变为知和能。所以教学过程是动态的、变化的，是使未知者变为已知者的活动。因而就不能静止地看待师与生的地位和作用。教与学这一对矛盾的转化，教师要发挥主导作用，因为学生由不知转化为知，要靠教师的外因起作用。但学习成效如何，却需要学生积极主动自觉地学，做学习的主人。教师的主导作用就在于使学生成为学习的主体，要激发学生的内在动力，启发学生的积极思维，提出问题，揭示矛盾。每一个问题的解决，每一个矛盾的突破，对学生由不知到知的转化，对教与学矛盾的转化，都起着一定的促进作用。例如，教学过程中难点的突破，需要教师围绕这个难点整理出思路，设计一系列问题，然后启发学生逐步思考解决，而不是由教师一下把结论讲出来。学生不经过自己思考过程获得的结论是不易持久巩固的，也不能算作真正掌握。

1. 教师的主导作用在教学过程中的体现

教与学这对矛盾，教的一方起主导作用，其目的是使学的一方成为学习的主体。教师在教学过程中是如何体现和发挥主导作用的呢？我觉得这首先是由教师在教学过程中的领导者和组织者的地位决定的，他应该掌握教的主动权。教师要了解学生、掌握教材、设计和运用教法，把教学大纲、教学计划贯彻到自己的教学活动中去，把国家对教育的方针政策和培养人的目的要求落实到自己的行动上。这一切都需要教师在组成教学系统的诸因素（教师、学生、教材、教法）中居于主导地位，在完成自己的各项职能中发挥主导作用，而决不能因学生是学习的主体就放弃教师的职责。教师要帮助学生由不知到知，这里“导”是很重要的，引导、指导、辅导都是教学过程中主导作用的体现。例如在讲授（讲述、讲解）课中，教师的“导”是直接通过教学语言把知识内容表达出来的，但要注意启发和反馈；在谈话课中，教师的“导”体现在设计问题，启发思考，引导学生回答问题；在讨论课中，教师则需要设计讨论内容，领导组织发言，掌握讨论进程；在练习课中，学生的活动虽多了些，但也仍需要教师的指导与辅导；即使在学生自学过程中，教师“导”的作用也是很重要的，他仍需要发挥向导和顾问的作用。所以教师是学生认识客观世界不可缺少的条件，那种在课堂上完全让学生自己看书、最后念念课文来回答提问就算完成任务的“教学”是不负责任的，是把教师的“照本宣科”转到了学生身上，是歪曲了“以学生为主体”的真正涵义的。

教师不仅要领导和组织整个教学进程，控制教学活动，指导和帮助学生，而且还要有意识地开发学生智力，进行思维训练，通过启发式教学，激发求知欲望，设计积极思考的问题，引导学生从多角度观察和研究地理事物，培养分析综合、判断推理、概括总结、类比应用等多方面的能力。例如，讲地球仪的有关基本概念，可让学生通过观察地球仪来了解两极与赤道的基本特征，进而观察经线，总结其特征，然后明确概念，再进行空间想象，了解极半径、赤道半径、地轴等概念，并在此基础上比较经线与地轴的区别。同样也可观察纬线，总结特征，理解概念，并与经线进行比较。这一系列的思考过程，不是教师先讲结论让学生背条条，而是引导学生通过自己的观察思考获得了知识，这样就促进了思维能力的发展。

此外，教师的主导作用还体现在育人方面。在地理教学中特别要贯彻以爱国主义、社会主义、集体主义为核心的公民素质教育、国情教育，着眼于人类未来发展的环境教育，跨世纪人才应具备的科学素质教育，热爱大自然的美育教育等，在初高中地理教材中，都可以同这些思想教育内容找到结合点。此外如健康的人生观与文明行为的教育，优良传统的道德教育，还有在市场经济体制下的价值观与辨别美丑善恶的能力，都需要“育德育教育于知识教育之中”，潜移默化，逐步渗透。成功的思想教育是使学生在无意间接受的，不着痕迹，不说空话大话，这需要深入体会教材，恰当地结合思想教育内容，精心设计教法和教学语言，才能使学生信服和心服。

2. 学生主体地位的形成与标志

学生是学习的主体，但学习的主动性与积极性并非与生俱来或完全可以自发产生的，它需要靠教师提供和创造良好的条件以促进其发展。因此，在教学过程中，教的主体是教师，学生是教的客体，在教师的主导作用下，使教的客体逐步转变为学的主体。这里教师的作用，属于外因，是学生学习的重要外部条件；学生是学习的主体，属于内因，是学好或学不好的内部依据。只有教师的主导作用而没有学生的积极性、主动性，教学效果是不会理想的。如何使学生成为学习的主体？学生由教的客体转变为学习的主体的标志是什么？我的体会是：

（1）明确学习目的　学生对于学习目的的了解，并不是一开始学习就很清楚的，它需要教师不断阐明，引导学生自己去认识、去体会。地理学科的学习目的，某一章节的学习目的，都需要教师有意识地帮助学生理解。譬如，地理学是研究人类赖以生存和发展的地理环境，以及人类活动与环境关系的一门科学。这样的概念如何使学生具体了解，而不是背诵条文，就应该在起始课时认真备课，讲清涵义。地理学与人类的生活和生产、社会的发展和进步有着密切关系，对实现我国社会主义现代化和各项建设具有重要作用，这些内容更需要平时结合教材，举例说明，有机地渗透。地理学科是中学必修的一门基础课程，地理教育的作用已日益被有识之士所关注。根据《地理教育国际宪章》“地理是推进个体教育的有利媒介，也可以为国际、环境和发展方面的教育作出贡献”，在我国制订的《中国21世纪议程》中，在“经济可持续发展”部分及“资源与环境的合理利用与保护”部分，都需要地理学科承担向未来的建设者进行有关国情、环境、资源等多方面的教育。这些都应该让学生了解，让学生不断地加深对学习目的性的认识，有助于形成和巩固其学习的主体地位，并落实在学习的主动性上。

（2）培养学习兴趣　地理教师要把培养学生的兴趣作为自己的重要任务。学生开始接触新课程都是怀着好奇心要把它学好的，教师要善于引导，启发求知愿望，以生动丰富的教材内容吸引学生，并运用直观教具或声像教学手段帮助学生理解，设计生动形象的教学语言加强感染力和趣味性。组织各种教学活动，帮助学生克服学习中的困难等，都是培养学习兴趣的有效方法。有时由于学习中遇到的障碍教师未帮助解决，对难度较大的提问没有回答出来，教师不恰当地批评或不公正地处理问题，一次较差的成绩，或一堂枯燥无味的讲课，都可能使学生失去学习的兴趣。相反，教师的关心帮助，鼓励表扬，高超的教学艺术，幽默风趣的教学语言，丰富渊博的知识，熟练生动的板图、板画，又都可使学生愿意学习，从学习有兴趣到有乐趣，进而形成志趣，甚至决定一生的道路。我过去组织的地学课外活动小组，有不少学生毕业后学了地质、地理、人口等专业也有的学生在校时虽未参加小组活动，但也学了经济地理等专业。学生对地理感兴趣，即使在没有课外作业的情况下，他们也会主动找课外读物看，动手做小地球仪或地形模型，观察天象、气象、物候等自然现象，或关心环境问题和交通、商业、人口等人文现象。学习兴趣不断加深，主体地位就日益巩固，并落实在学习的积极性上。

（3）掌握学习方法　学生成为学习的主体，需要教师教会其掌握学习方法，驾驭知识，独立获取知识，这就是“教为了不教”，让学生不仅学会，而且会学。如：了解地理知识体系，教学生会整理知识系统，分析知识结构及其联系，让学生会综合区域特征，类比区域差异，总结知识规律等。教学中要给学生指出思路，具体说明想问题的顺序和解决问题要突破的关键，分析所具备的条件。学过知识后要说明如何掌握要点，怎样记忆重点，怎样抓住特点，新旧知识如何衔接，某些知识间如何比较或联系等。有一次我在翻阅学生记的笔记中，发现一个学生在笔记中画了许多图，有略图，有原理示意图，如将湖泊的几种成因都用示意图来表示。他说：“老师在黑板上画图讲成因时，我就随着画下来了，这样好记。”这给我很大启发，说明形象直观的图像比文字或语言更易引起兴趣，帮助记忆。又有一次我要求学生根据太原、济南的气温曲线和降水柱状图，分析华北地区春旱的原因，但要求语言简练，这不仅训练了语言表达能力，而且要选择关键语言抓住知识要点。学生经过思考回答，最后归纳为这样几句话：“华北冬季气温低，春季增温快，降水集中夏季，春季降水少，蒸发量大于降水量，所以有春旱。”用字少但内容丰富，这种训练，也是教会学习方法，掌握知识要点的途径之一。在学生思维技巧上也应给以训练，如分析知识间的主次关系、并列关系、因果关系、包含关系；懂得知识间的接近联想、类似联想、对比联想、关系联想等。这些对帮助学生形成知识网络，培养多角度地考虑问题是非常有益的。学生掌握了学习方法，不仅主体地位更为巩固，其主体意识也更为增强，并落实在学习的独立性上。

从以上明确目的、培养兴趣、掌握方法三个方面，使学生的学习态度更为自觉，做学习的主人意识增强，表现在学习上的主动性、积极性和独立性方面也就更为明显。他们会在课上更加专心致志地听讲，完成教学中各项要求，积极思考问题，勇跃答问；在课下看课外读物，查阅资料，关心周围各种自然与人文现象，并进行观察、思考，寻求解答；自己动手绘制图表（有一次我曾看到学生自己绘制的他的各科成绩变化和在班上名次变化的统计图表），搞小制作等。这种主体地位的形成和巩固，都是教师发挥了主导作用的结果。教师应该像体育运动教练指导运动员那样以学生为主体。

（二）教学艺术的追求与教学风格的形成

教学是一种认识过程，学生在教师设计并实施的教学活动中，由浅入深地认识客观世界。而艺术则是通过各种形象反映生活，表现思想感情所达到的准确、鲜明、生动，以及在形式、结构、表现技巧所达到的完美程度。教学艺术则是把教学活动以新、美、生动的形式表现出来，既完成了教学任务，达到教学目的，又给人以美的享受。听一堂好课如阅读了一篇佳作，看了一台好戏，欣赏了一件精美的艺术品或参加了一场成功的音乐会，使人的听觉、视觉得到美的熏陶，并受到教育。由于课堂教学是由多种因素组成的，教学中必须求得各因素的和谐统一。

1. 教学与教育的统一

地理教学中的知识要内容科学，结构严谨，层次分明，符合教育原则，同时还要与丰富多样的思想教育内容有机的结合，不着痕迹地渗透在知识教育之中。这就需要教师深入体会教材，精心设计教法和教学语言。教学既是知识性、思想性、艺术性的统一，也是知识教育、情感教育、行为教育的结合。教学中最忌的是生搬硬套贴标签，会使学生意识到“老师在向我们进行说教”，这往往是由于教师对要进行的教育内容体会不深，又没有认真考虑教学方法，自己心未动，如何感染人？如果仅仅客观地说几句“我们应该如何”，还不如不讲。最高超的思想教育艺术是使学生在未意识到的教育中接受了教育，树立了观点，分清了是非。教育的艺术就在于用教师的情感去打动学生，有一次在讲我国生态遭到破坏、资源被掠夺性使用、环境受到污染的事例后，我讲了这样一段话：“过去我们说把大好河山拱手让给敌人是卖国，如果今天我们的森林被毁、沙漠扩大、物种灭绝、环境污染、水土流失、耕地减少、草原退化……大好河山在我们手里变坏了，这恐怕也不能说是爱国吧……”我讲得很激动，学生听了无不为之动容，大家都沉默了，都在深思，我可以感到学生内心和我一样是不平静的，这比讲更多的大道理可能效果会更好。所以教学与教育的统一是知识与思想教育内容的高度融合，自然而纯真的统一，是情和理的互相渗透与交融，情中有理，理中有情，巧妙地运用这就是教学艺术所在。

2. 师生活动的和谐统一

教学艺术的重要体现是把所传授的知识以艺术的形式生动活泼地表达出来，学生获得美的感受欣然接受，整个课堂是“活”的，师生间时刻在交流，都在扮演着艺术作品中的角色，各尽所能，配合默契。当然教学过程不同于演戏，因为教师在课堂上要发挥主导作用，调控教学活动。教师情绪饱满，充满信心，怀着创作激情投入教学活动；学生聚精会神，积极思考，满怀对知识的渴望投入学习活动中。师生都处于积极状态，有交流、有谈话、有问答，教师随时可了解学生的反馈，学生随着教师的表情、眼神、手势、声调、语气以及板书、板图、板画等调动视觉、听觉、思维活动，从而使教学活动自然、流畅，师生融入共同活动中。艺术本身就是和谐完美的，在教学过程的诸多因素中，师生活动的和谐统一具有突出重要的地位。这里包含教师对学生的热爱、理解、信任，以及业务水平、教学能力和艺术修养，也包括学生对教师的尊重、喜爱与崇敬，乐于接受教师的安排，支持教师的教学活动。师生关系和谐，课堂气氛活跃，以情育思就有了良好的基础。

在对课堂教学艺术的不断追求中，就会逐渐形成自己的教学风格。我认为教学风格就是教师在教学创作中所形成的特色和个性，它反映了不同教师的生活经历、立场观点、教学素养、个性特征、教学能力、思维特征等。不同的教师在教材处理、教法设计、语言运用、对知识的体会及表现手法，教学过程的思路和活动安排都各有特色，表现出不同的个性和教学风格。每个教师都有自己的优势和不足，要有自知之明，力争发挥优势，扬长避短或补短，学习别人所长，克服自己弱点。不能把明显的不足当成所谓特点来坚持，也不要孤立地发挥所长而夸大其在教学中的地位和作用。艺术在于自然和适度，如对板画、板图、幻灯片的运用就要适量适时，服从于教学。一个教师要自觉塑造自己的形象，加强基本功的锻炼，不断提高业务水平和教学能力，培养多方面的情趣和爱好，下工夫钻研教学，就会逐渐形成自己的教学风格，反映出自己的特色和个性。我过去在读书时兴趣比较广泛，绘画、唱歌、诗词、话剧等多项课外活动都曾参加过，它们对我的教学活动是有影响的。直至 80 年代初应中央电视台邀请主持了 10 场“北京中学生智力竞赛”，并在 1984 年被评为全国电视专栏节目优秀主持人，据说这是中央电视台邀请非专业人员作节目主持人的首例。以后又主持了《聪明人的游戏》、《国情知识竞赛》等节目多场，并在中央电视台和教育电视台主讲了《伟大的祖国》、《中师地理》、《自然科学基础（地理部分）》、《中学地理教学法》、《高中地理复习》等百余学时。这些活动开拓了我的教学领域，获得了荧屏前活动的体验。但这些和自己的教学经历所打下的基础是分不开的。教学风格不可能千篇一律，也不应机械地模仿。我鼓励年青教师多听课，学习多位教师所长，发挥优势，弥补不足，不断实践，就会逐渐形成自己的教学风格的。

（三）环境意识的培养是地理教学的突出任务

地理教学中思想教育内容很多，但其中最突出的一项任务就是环境意识的教育，这是其他学科无法替代的。我们要明确这项任务的重要意义，并努力去完成。

环境是人类赖以生存的空间，组成环境各要素的发生、发展、变化，以及人类活动与环境的相互关系，是地理学要研究的内容。由于人类与环境的关系日益密切，掌握环境的变化规律，揭示其各部分的内在联系，调节物质与能量的交换过程，协调人类自身发展与环境之间的关系，已成为当前人类面临的重要课题。地理学科是综合的学科，它要把有关自然与人文的基础知识教给学生，让学生关心环境，懂得保护环境、美化环境的意义，而不是像过去一味地只提利用环境、改造环境，尤其我国把保护环境列为一项基本国策后，环境教育已提到日程上来，更应引起高度重视。随着人类社会的发展，环境与生态问题日益突出，环境意识的教育内容也在不断扩展和变化。当前环境意识教育的任务是：培养学生对我们赖以生存的环境的高度关切，了解人类活动与环境的密切关系，对保护环境具有高度责任感、危机感，自觉约束自己的行为等，这些任务理所当然地落到我们地理教师的身上。

我们面对的是21世纪的建设者，他们今天坐在我们的课堂里并没有认真地思考过将从前辈手中继承一个什么样的环境，如果我们只提现代化建设、发展生产力、改善人民生活，而不提人类文明发展与自然环境的关系，则我们将会重犯前人的错误。马克思早在130多年前就指出："文明如果是自发地发展，而不是自觉地发展，则留给自己的是荒漠。"精辟地揭示了人类发展与自然环境的关系。历史上1万年前我们所经历的农业革命，当第一粒种子播在土壤中，开始了农业文明，发展了农业生产，人们称之为“黄色革命”。社会生产力提高了，但由于对环境认识不足，森林被开垦，荒地变良田，草原成了牧场，因毁林开荒、过度放牧等带来了大规模水土流失、沙漠化、盐碱化……18世纪开始的工业革命使生产力更大地发展，发展了工业生产，人们称之为“黑色革命”。但工业带来的浓烟滚滚，污水横流，“三废”破坏了环境；而且由于生产力急速发展，使资源面临掠夺式的开采，导致枯竭的危机。资源枯竭，环境污染，是黑色革命带来的危害。今天人们接受了这些教训，重新认识环境，在面临一场新的生态革命的时候，从过去“人定胜天”、“改造环境”到今天的“协调发展”、“持续发展”，转变了传统发展战略，称之为“绿色革命”、“生态革命”。过去黄色的农业文明与黑色的工业文明都是以牺牲环境为代价去换取经济和社会的发展，是不能持久的。文明对自然的依赖与自然对文明的约束是人类无法摆脱的。自然环境的衰落也必是人类文明的衰落，今天需要进行的是保护环境的“绿色革命”，这个浪潮正冲击着人类的生产方式、生活方式、思维方式，预示着一场环境革命、生态革命的来临。建设一个人与大自然和谐相处的绿色文明是历史发展的必然产物。让我们的年青一代都能深刻地认识到这一点，牢固地树立保护环境的观念是非常必要的。

从保护我们生存的环境角度出发，环境教育和进行爱家乡、爱祖国和以爱国主义为核心的国情教育是一致的；和进行全球观念、国际间团结合作的教育也是一致的，而且它更着眼于未来。由于当前人类面临的种种问题（人口化、城市化、物种灭绝、森林滥伐、水土流失、荒漠化、气候变暖、臭氧层破坏、资源紧缺……）都有很强的地理性质，而解决这些问题的途径是培养人类、首先是青少年对建立一个更美好世界的希望、信心和能力。地理教育的作用是显而易见的，它既可以对学生进行有关环境知识技能等方面的教育，也可以为国际、环境和发展方面的教育作出贡献。

结合教材具体内容，随时从环境角度出发，使学生关心环境是非常必要的。各年级地理的起始课、区域地理中的环境特征与问题、不同地区发展生产过程中对环境的影响、不同国家对环境保护的做法、人类活动对环境影响的各种事例等，都是极其生动的内容。在系统地理中从环境各要素的发生发展变化考虑，展示环境自身的规律，同时又从人类活动（生产活动、生活活动）考虑，说明协调人地关系的重要意义和各种环境问题产生的原因，内容是极为丰富的。仅让学生了解这些还不够，更重要的是要关心环境，培养环境意识，树立正确的资源观、环境观、人口观和人地协调、持续发展的观点。除课内教学外，还可组织课外讲座，开选修课，扩大对环境有关知识的了解；开展调查活动，关心身边的环境问题。对生活中的垃圾、污水、噪声等的处理情况，对绿化造林、节约用水、制止生活中污物排入环境等的态度，都可以进行有效的教育。此外对人口、交通、工业“三废”处理、农业生产中农药化肥的使用等也可组织观察及调查活动。地理教师在这方面是有很多工作可做的。80 年代中我们就把地学小组活动改为环保小组活动，开展了调查、宣传、参观、讲座、写小论文等活动，探索了在城市中学开展地理课外活动的一条新路。这和当时区环保部门、教研部门的重视以及许多学校教师的共同努力是分不开的。遗憾的是目前社会上对这些问题的认识与重视程度还很不平衡，有些人还未了解当前地理学科知识内容的发展变化，或囿于传统的地理观念不能摆脱或更新也有人是出于偏见或无知对地理教育特别是环境教育的意义还很不理解，因而反映在对地理学科的态度和对素质教育的影响是令人不安的。但作为地理教育工作者对此应责无旁贷，主动承担历史赋予我们的使命。地理学科可能不如某些学科具有较强的实用性或技术性，但由于地理学科的综合性特点，在解决环境意识的教育方面它具备其他学科无法比拟的优势，因为几乎所有环境问题的知识，都是地理学科涉及的内容。从宏观上给予基础知识的阐述和基本概念的树立，并对今后的地理应用、地理建设打下良好的基础，这是地理教学中一项突出的重要的职能。

（四）空间概念的建立是地理教学具有学科特色的职能

在地理教学中使学生建立空间概念是培养能力的重要环节，也是具有学科特色的一项职能。地理事物存在于一定空间，地理现象的发生、发展、变化也离不开空间和时间。学好地理知识的关键之一就是建立空间概念，并由此而产生空间分布、空间结构、空间联系的概念，从而进行空间想象与空间思维活动。

空间指物质存在的广延性，地理知识中的空间概念是根据地理事物存在的不同范围、不同距离和许多现象难以直接感知的特点，通过形象直观手段，树立地理事物存在的范围大小、远近层次关系。如在平面图上获得立体的、广阔的、深远的空间概念；在等高线图上获得海陆轮廓、高低起伏、各种地形的立体概念；在分层设色图上获得更为形象直观的地形概念等。又如通过太阳系、银河系以及星空的图片、电影等建立不同级别的天体系统的空间概念；通过全球海陆分布获得大洲大洋范围轮廓的空间概念；通过各种政区图或局部范围的地区图又可树立各具体地区的空间概念。从以上各地理事物的空间分布、相对位置关系，可进行空间结构与空间联系的思考。如从大洲的分布联系到与大洋的关系，与其他大洲的界线，进而思考其经纬度位置及所在半球等等。

空间概念是进行空间思维的基础，并且在不断进行空间思维与空间想象中加深和巩固的。在地理教学中要善于利用已形成的空间概念，启发积极思维，从而发展空间思维和想象能力。在设计问题时应注意：①从静到动，时空结合。如阳光直射点的移动位置，不是固定在赤道或南北回归线，而是在其间的任一位置，由此而联想极昼极夜的范围变化、南北半球昼夜长短的变化趋势，以及气压带风带的移动趋向等。这其间就有空间动态的思考，同时也有时间的变化。②由近及远，逐步迁移。如从地球到太阳系，再到银河系，进而到总星系，各级天体系统的范围、天体类型等；或从河流的源头，沿上、中、下游思考各段水文特征及沿岸地理事物。对交通线从起点到终点，思考沿途经过的城市及资源分布等。③深入思考，广泛联系。如从某地区气候类型思考其气候特征、影响因素、分布规律及与其相同气候的地区，相应的植被类型或自然带，进而思考该气候对生产及河流水文特征的影响。同时联想当该气候处于某季节时，世界其他地区的气候特征如何等。④空间组合，进行对比。如思考不同气候类型的城市名称；按某一运动规律列出有关洋流名称；比较某两个大陆西岸或东岸的自然带分布等；还有从平面到剖面的地形事物组合等。

空间想象与空间思维有密切的联系。思维过程中有想象，想象过程中也有思维。想象的过程，往往就是形象思维的过程，想象的发展可以丰富和发展思维的内容，并且有助于创造思维的发展。空间想象是在建立空间概念的基础上，使活跃在空间的许多映象在头脑中进行加工、叠加、组合而出现的新的形象。如学生看过有关海洋的电影、画片而形成的感性映象（表象），在我们讲解具体的海洋分布、海水的盐度与温度、海水的运动、海洋生物等知识时，通过教师的语言或其他教具的帮助，学生头脑中的记忆表象就可转化为想象表象，可以接受虽未直接感知但通过想象和思维能够理解的知识。教师要注意调动学生头脑中各种储存的信息，使想象的翅膀在广阔的空间翱翔，有空间想象参与的空间思维是生动活泼的，想象越丰富，思维也就越发展，空间概念也就越巩固。

空间概念的建立既以地图为依托，同时又会促进地图能力的发展。地图知识的获得，地图内容的记忆，地图能力的形成，都必须在认真读图、识图、思考过程中完成。其中重要的环节就是通过练习实践，巩固地图知识，掌握空间分布，提高使用地图的能力。地图能力发展到较高级阶段，即能熟练地掌握地理分布，包括各地理要素的分布规律和主要地理名称的位置分布，并在此基础上进行地图知识的分析。不仅是单项内容的说明，而且能作多项内容相互影响的判断或推论；同时能对地理分布的原因作简单分析，对区域特征作初步综合。即使在无图情况下也能作“无图思考”，对空间结构、空间联系能绘出略图。地图能力的提高，又会促进空间想象与空间思维的发展。如果单纯强调地图能力的培养，只能就图论图，无法向更深层次和立体化发展，必须着眼于树立空间概念，才能使地图能力与空间想象和空间思维结合，因此我认为这是在能力开发中具有地理学科特色的一项职能。

（五）钻研教材是提高教学质量的关键

教材是构成教学过程的重要因素，它是教师对学生施加影响的主要信息，是进行教学活动的依据。教师对学生学习活动的主导作用，是通过教材来实现的；对学生而言，教材是学习发展的知识基础，也是形成能力的重要条件。教材在教学过程的地位和作用都是极为重要的。

教师是教学过程的领导者、组织者和设计实施者，教师要指导学生由不知到知，引导学生进入知识之门并走上独立获取知识之路，很大程度上取决于对知识之源——教材的理解与掌握，这也是提高教学质量的关键。

由于教材的相对稳定性，所以教材常常落后于飞速发展的现代科技与生产水平，因此教师不仅要熟悉现有教材，而且要不断扩大、加深、补充、更新知识，边教边学，永不满足。为了教好就要学，教师的学又促进了教，这就是教学相长的关系。

钻研教材是备课过程的主要环节，钻研的内容不仅限于地理课本，还应包括教学大纲、地图册、教学指导书，以及有关参考书、练习册等，有些地理刊物也应作为教学备课的参考读物。钻研教材的步骤如下：

1. 熟悉教材

指弄清教材全部内容，熟知教材体系与组成结构，了解重点难点，理清知识系统，理解知识内容，对教材中的文字、图像、作业都应认真体会。这是钻研教材的第一阶段，做到一个“懂”字。

2. 分析教材

对教材的掌握达到精通和运用自如，必须深入分析教材，包括：

（1）分析概念，掌握地理概念的内涵外延与应用地理概念是反映地理事物本质特征的知识，是地理理性知识的基础，地理原理往往是由许多概念联系而成。如大气环流有关原理即由地球上的热量分布、气压分布、空气运动、水平气压梯度力、地转偏向力等一系列概念组成。概念的运用关键在于理解，因此在教学中讲清概念具有重要意义。无论是一般地理概念、单独地理概念或集合地理概念，都应分析其定义，说明其本质特征，了解其应用范围，比较和同类概念的区别，并分析和有关概念的联系。如“中国的气候”属集合概念，其中“气候”为一般概念，“中国”为单独概念。分析中国的气候就要考虑其气温、降水、风等气候要素的具体特点；纬度位置、海陆位置、地势与山脉走向、季风等气候因素的影响；以及气候多种多样的复杂情况，大陆性季风气候显著的特征与成因；还有中国气候的优缺点等。

（2）分析重点难点，掌握教材的深度广度与层次重点知识是对学习与发展有重要作用的关键知识，如各自然要素与人文要素的基础知识，它们对形成地理环境与人地关系都具有重要作用，分析时要考虑它们在本章节中的主要内容，以及该重点在全部知识体系中的地位。重点知识要深入、突出，但并非机械重复。如中国地形知识中“地势西高东低，呈阶梯状分布”，分析这一重点内容，了解阶梯状分布特点，要从海拔高度与地形类型入手，加深三级阶梯概念并具体说明阶梯界线，然后深入分析其对气候、河流、交通、水能等方面的影响，最后从平面图到剖面图，印证概念，建立空间的立体的概念。对难点知识要注意，难点是学习中难以掌握、感到困难的知识，有的涉及其他学科内容，有的属于学生尚未建立相应的概念基础，也有的较抽象、超出学生理解的范围。对这些难点要分析，如属于非本学科或本章重点，则向学生说明，只作一般了解，或只讲结论不讲过程或原因；如既属难点又属重点，则应进行剖析，一层层突破，一步步设计问题，达到理解为止。当然要抓住关键问题突破，不要把该问题的方方面面都涉及到，以免干扰主要内容。如突破日界线这一难点，要让学生理解日界线的由来，划分依据，新、旧一天如何计算等主要问题，没有必要把其他问题和特殊例证也罗列出来。

（3）分析内部结构，掌握知识系统。对教材中若干知识点，依其内在联系组成几个单元，分清主次进行归类，或依因果关系列出顺序，有了知识骨架，其他知识即可依附其上，这样结构严谨，层次分明，系统清楚。在区域地理中切忌各分区千篇一律，一定要从区域特征出发分析内部结构。如我国北方地区为平原为主的地形；温带季风气候、冬季结冰而水位变化较大的河流；耕地广和旱地为主的农业；重工业和能源基地；铁路交通为主的运输以及保护森林、治理盐碱和水土流失问题等。对南方地区、西北地区及青藏地区则又有符合该地区特征的知识结构。

（4）分析知识联系，认识局部教材的地位和作用。知识联系从内容看有外部联系（与其他学科和生产生活实际的联系）、内部联系（本学科教材内部如初高中知识间、自然与人文知识间、世界与中国知识间的联系，也包括同一知识内容的内部联系）；从联系的顺序看有承前联系（与学过的知识有联系）、超前联系（与今后要学到的知识有联系）、同步联系（与其他学科同时涉及到的类似的知识内容）。地理教师要适当了解一些其他学科的内容安排，以便能主动联系，相互呼应。进行教材分析时主要还是本学科知识间的内在联系，多注意内容中的因果关系、组成要素、相互影响等。如分析气候的影响因素，各要素的表现，所反映的特征，归纳为某气候类型，并分析其对地理环境及生产所带来的影响等。

(5) 分析知识性质，确定教学目的。地理知识有原理、有事实、有技能训练、有实践活动、有思想教育和观点的培养，也有能力开发和思维训练。钻研教材中应分析传授哪些知识，相应地培养哪些能力，进行哪方面的教育，以便使教学目的符合实际情况，易于达到要求。

以上是钻研教材的第二阶段，要做到一个“透”字。

3. 组织教材

钻研教材最后要落实到对教材的组织工作上，这是写教案的先决条件。根据对教材的理解、分析，确定了思路，然后对教材进行分清结构，理出层次，编好纲目，使教材条理化、系统化。这中间可采取剪裁、取舍、增删、移动等处理手法，犹如对拍摄好的影片进行剪接一样。当然教材并非素材，它已具备一定的系统性，但教师可根据自己的理解体会进行再加工再创造，以便驾驭教材，融进自己的情感，讲起来才能有声有色，运用自如。我在组织教材或处理教材过程中摸索出以下几条原则：依主次定取舍，依难易定详略；增补不喧宾夺主，删减不遗漏重点；调整顺序要适当，集中内容不孤立，分散内容不割裂；突出重点不搞机械重复，头绪繁多防止逻辑混乱。这都是在组织教材或处理教材时应该注意的。这是钻研教材的第三个阶段，要做到一个“活”字。

(六) 设计教法是课堂教学成功的保证

教学方法是指导学生学习、完成教学任务的手段。地理教师能否成功地把知识传授给学生，并使学生主动自觉地投入学习，就有一个设计和运用教法的问题。教学过程是复杂的活动，教材内容、学生水平、教学条件等方面，教师都需要考虑到，根据这些确定传授知识采用什么方法，通过什么手段，采取哪些形式，准备什么教具，写哪些板书，运用什么语言等。教无定法，教必有法，教要得法，不同的教师会有不同的教法设计，也会产生不同的效果。我认为在教法设计中应注意：

1. 遵循学生的认识规律

由生动直观的地理事实到抽象概括的地理原理，再到实际中去印证说明，从对地理现象的感知经过思维到对地理概念的理解判断，以至对原理或规律的应用，从而达到理解概念、掌握知识并灵活运用的目的。这就是学生掌握知识的一般过程：感知—理解—记忆—迁移—运用。教学过程存在着教师、学生、被认识的客观事物三方面的关系，教师钻研教材与设计教法都是围绕着被认识的客观事物，而其目的则是作用于学生使之认识客观事物，因之教师就必须了解学生认识活动的规律。设计教法要从学习角度多考虑，从教与学的关系看，要正确运用教师的主导作用与学生学习的主动性之间的关系，并注意对全班学生的统一要求与学生个别差异以及智力与非智力因素的关系。从教学目的任务和内容方面看，要正确处理教学的科学性与思想性、掌握知识与能力的关系。从学习与掌握知识的过程看，要正确运用具体与抽象、理论与实践、巩固与提高、高难度与量力性、高速度与循序渐进等方面的认识规律。

2. 遵循教学原则

教学原则是教学工作必须遵循的基本要求，它贯穿于教学过程的各方面。教师必须正确地理解、掌握和遵循，教学质量方能不断提高。教学原则的提法很多，以下几项是必须遵循的：

（1）教学的科学性与思想性统一的原则，即在教学中结合传授地理知识进行思想教育，要求教师“寓教于学”，使教书与育人达到最佳的结合。这首先要做到传授的知识是科学的、正确的、符合客观实际并经得起检验的，引用的资料可靠，逻辑推理严谨。其次要挖掘教材内在的思想性因素，使知识与思想教育成为有机的整体。再就是对教学过程的组织、选用的教法，必须是科学的、富有教育意义的。同时教师要注意自身的模范行动，即言传身教的作用对学生的影响，教师认真的工作态度、充沛的情感、正确的思想观点、循循善诱的教育方法，在传授知识过程中，这些都会潜移默化地起到感染学生的作用。

（2）理论联系实际的原则。这个原则既是学生认识规律的反映，也是社会主义教育目标的要求。人的认识活动是经过实践到理论再到实践的过程，学生虽然主要接受间接经验，但要使这些间接经验变成自己的知识，也还要经过一定联系实际的体验。在地理教学中要切实加强基础知识的教学，使学生有较深的理解，这样才能学好理论。如许多地理原理包含了若干基本概念，必须先掌握这些概念才能理解原理；又如一些地理事物的分布状况是掌握分布规律的基础。在教学中要从教材的实际和学生的实际水平出发，并考虑到学校的教学条件，这样设计出的教法才能有的放矢。同时要把书本知识与生产生活实际相联系，使学生认识这些知识在实际生产生活中的价值，培养其解决实际问题的能力。特别在地理教学中联系乡土地理环境是教学大纲的要求，无论是自然地理知识或是人文地理知识，都有很多内容可以印证、解释、对照，这是地理教学中理论联系实际的有效途径。

(3) 启发性原则。为了调动学生学习的积极性、主动性，激发学生的求知欲和学习兴趣，从而在教学过程中能够积极思考，成为学习的主体，这就需要运用启发式原则。在整个教学过程中要让学生开动脑筋，积极思考，教师要设计灵活新颖的问题。循着突破问题的思路，逐步克服困难的干扰，通过学生自己努力获得结论，从而体会到成功的喜悦。所以采用启发式教学是贯彻启发性原则的主要方式，这是相对注入式而言的，但是也要注意不能认为讲解课、讲述课就不能贯彻启发式，同时那种形式上的谈话课也不能认为就不是启发式。关键在于课堂上通过教师的教学活动是否使学生听得津津有味，思维活跃，师生关系融洽和谐。如果课堂上简单地问一些“是不是”“有没有”“对不对”的问题，或以课堂上叫起来多少学生作为标志，都不能认为就是启发式。教学中还要注意发扬教学民主，启发积极思维要允许学生提出不同的意见和问题，鼓励学生发展求异思维，培养学生的创造性思维和开拓精神，这样的谈话课使学生学得轻松愉快，能够满足其求知欲望，才是真正贯彻了启发性原则。

(4) 直观性原则。学生获得知识、发展思维的过程，应尽量使之通过观察、实验、参观等体验，在感性认识基础上发展理性认识。地理教学中贯彻直观性原则途径广阔，内容多样。直观教具如教学挂图、地球仪、模型、标本、图片、统计图表等，板图板画也是重要的辅助直观手段。随着电化教学手段进入课堂，幻灯、电影、录像、激光唱盘、电脑等设施的应用，直观教学的作用愈益显著。直观教学能使学生多看、多感受、多接触，对学习易感兴趣，促进注意力、观察力、想象力和思考能力的发展，但直观不是目的，要讲求实效，防止形式主义，要根据教学内容，适时适量运用。对地图的作用要充分认识，有人总结为“因图识地，以地析理，由理释地，知地知理”，这里“地”指分布或具体的感性知识，“理”指原理，是理性知识，“识”、“析”、“释”、“知”体现了从感性到理性、再从理性到感性的认识过程，运用地图时应明确这点。除直观教具外，教学语言的直观作用是不容忽视的，教师要充分利用形象描绘、颜色启发、动态叙述以及朗朗上口的铿锵韵调，启发形象思维的发展。要能设计地理教学语言，如描绘大洋洲的热带岛屿风光，我配合板画设计了这样的语言：“红珊瑚，白沙滩，碧海映蓝天；椰林婆娑，鸥鸟盘旋，点点小白帆。”讲江南四季分明的气候特征时，我这样描述：“春季风光明媚，莺飞草长（读 zhǎng）；夏季炎风暑雨，稻绿蝉鸣；秋季天高气爽，谷黄鱼跃；冬季瑞雪盈野，麦青豆壮。”讲东北北部气候特征：“春残花始艳，秋老麦初芒，岭积千秋雪，花飞六月霜。”讲黄土高原水土保持和绿化远景，边板画边讲：“远山高山森林山，近山低山花果山；平川一片米粮川，干沟打坝聚湫滩；坡洼地里种牧草，山腰缓坡修梯田；到那时，牛羊成群，绿阴满山，农林牧副全发展。”适当引用一些优美的文学语言，既有助于加强直观性和感染力，也是进行美育教育、提高欣赏能力的一种素质教育。此外组织野外观察、社会调查、参观访问、采集岩矿或植物标本等是学生最欢迎的直观教学形式，既贯彻了直观性原则，也有助于理论与实际的联系。

（5）循序渐进的原则。“序”指知识的系统性，任何知识都有自己的逻辑系统和层次，学生认识过程也是有顺序性的，从低级到高级，由简单到复杂，教学中要遵循这种认识规律，由浅入深、由具体到抽象地进行教学。地理教学要注意既按学科体系进行系统的教学，又要注意与其他学科的联系。在本学科体系中要注意新旧知识之间的联系和衔接，各节课之间的呼应和关联，做到既有阶段性，又有连贯性。每节课应该既是前一节课的延续和发展，又是后一节课的基础。教法设计要注意由浅入深，由易到难，由简到繁等，学习中要有一定难度，经过一定努力去掌握，以促进发展。教师要心中有数，太难则失去信心，太容易则放松思考，失去兴趣，要使学生“跳起来能拿得到”。教法设计中还要注意各环节的系统连贯，包括引入新课、讲新课、巩固小结、实验演示、练习作业等都要有序进行，使学生接受知识的过程思路清楚，系统明晰，有助于复习和巩固。

（6）巩固性原则。教学目的要使学生牢固地掌握知识以用于实践，并进一步作为新知识的学习基础。如果不注意及时巩固，就会出现知识体系中的空白，知识难以衔接，学习将越学越困难。巩固性原则的贯彻首先要对知识充分理解，这是巩固的基础，理解越深刻，记忆就越牢固。如对地中海气候的形成原因理解了，才能结合成因记住特征和分布规律，即只有懂得气压带风带的移动规律、副热带高压带在夏季移动到纬度30~40之间，造成炎热干旱，而冬季西风带移来，造成温和多雨等知识，才能掌握地中海气候分布在南、北纬30~40大陆西岸的规律。教师讲得清楚，学生听得明白，印象深刻，自然就易巩固。其次要注意做好复习与练习的组织工作，复习练习可使学生学过的知识得到加深、充实和系统化。复习有当堂巩固复习、第二节课的复习提问、阶段性复习、总结性复习等。复习不应是知识的简单重复，而应是知识的不断加深理解、更加条理化的过程。复习要设计问题，联系实例，综合运用，常温常新。此外，教师要经常向学生指导加强地理知识记忆的方法，不断总结学习规律，指出问题的解题思路和知识联系的线索，设计多角度思考的问题，利用多种方式如填图、比较、联想、比喻等进行知识的巩固。

（7）因材施教的原则。教学过程中要面向全体学生，提出统一要求，同时也要照顾到个别学生，发挥不同的才能或特长，并注意智力与非智力因素的同步发展。学生总是有差异的，统一要求往往忽视这点。全面发展不等于平均发展，学生各门功课都好也应还有专长，也不能要求所有学生都喜欢学习某一门课。贯彻因材施教的原则，深入了解学生是非常必要的，在了解中进行教育，在教育中加深了解，对学生的知识基础、智力水平、学习态度、兴趣爱好、性格特征、生活经历、家庭影响以及性格中表现出来的处理问题的方式（如冲动型、慎思型、独立型、依存型等）、情感、意志、品格、自信心等要心中有数。要把集体教学与个别教学结合起来，特别是对学习差的学生，要耐心指导、教会方法、树立信心；对学习好的学生，要满足其对知识的渴望，培养自学能力。此外如开设选修课，举办知识讲座或竞赛，组织课外活动小组，出版地理墙报等，并注意改进教学方法，减轻学生负担，都可贯彻因材施教原则，使学生健康地发展。

3. 地理教学方法的设计

设计教学方法要注意从具体的教学目的和教学要求出发，从学科教学内容出发，从学生的年龄特征出发，并考虑到学校的实际情况，一切为了有利于调动学生的主动性和积极性。设计教法时，要从以下几方面具体进行：

（1）讲授方式的设计。即运用教学语言向学生传授知识的方式。在地理教学中，可分讲解、讲述、谈话等方法。讲述法可运用形象的语言描绘地理事实和地理现象，如山河分布、景观介绍、特征描述、过程叙述等。讲解法是运用逻辑性语言解释和阐明地理概念或原理的方法，如分析特征、讲解成因、推导结论、剖析过程、原理论证等。谈话法是通过教师边讲边提出问题，引导学生思考答问从而获得知识的方法。谈话法可使课堂气氛活跃、生动活泼，但设计问题要难易适当，前后连贯，并面向全班提问，共同思考，照顾到不同水平的学生答问，偶尔也可有齐声回答，教师要善问善导，善于小结。以上几种方法，在课堂上根据内容有时可灵活运用，此外还有讲演法、讨论法等。

（2）板书的设计。地理教学板书可提示教学要点、显示教学进程、增强讲授内容的具体性，并可为了解知识结构和系统提供依据，为学生编写读书笔记或复习提纲作示范。因此在备课过程中通过对教材的处理和组织，应编写相应的板书。板书的形式可根据不同内容而定，一般以纲目式居多，这种形式切忌千篇一律。区域地理要能突出区域特征，系统地理也要揭示所讲内容的要点，而尽量不重复课本上的标题。此外还有表解式、图示式、线段式、表格式、框图式等，它们都凝聚着教师的才思，是辛勤备课的成果。在主板书之外，在黑板的一侧也可考虑写出要记的地名、数据、不常见的字、易混淆的名词概念等，但这种安排不可过多。

（3）运用逻辑方法的设计。地理教学中常用的逻辑思维方法主要有以下几种：①比较法。这是地理教学中运用最广泛的方法，对地理事物的相同、相异、相似、相反均可进行对比，可同时比较两项或更多的地理事物，比较内容也可以是多项的。有时对地理事物的发展过程前后不同阶段的比较称纵比，同一阶段中不同空间的地理事物的对比称横比。比较法常列出表格，明确比较项目，使知识易于理解记忆。②综合法。把地理事物各组成部分及不同特点、不同方面等联系起来，以便认识地理事物的总体。如认识某地区农业特征就要把该地区的自然条件、耕作制度、耕地类型、作物种类、经营方式等联系起来认识。认识某区域地理特征也要把该区域自然各要素与人文各要素综合起来考虑。③分析法。把地理事物的整体分解为若干部分，或区分出个别特点、个别方面。如认识某河流就要了解其源流概况、上中下游划分及各段水文特征、主要支流、水利与水害等方面。认识外力作用要从动力来源及各种表现形式、作用方式和结果等多方面来分析。④归纳法。是由个别到一般、由局部到整体的推理方法，如从海河、黄河、辽河等的水量较小而水位变化大、含沙量大、冬季结冰等水文特征，归纳出秦岭淮河以北暖温带季风区河流的共同特征。⑤演绎法。是由一般特征或规律认识具体地理事物特征的推理方法。如从山地面向暖湿空气的迎风坡多雨这一规律认识台湾山脉的东坡、喜马拉雅山的东段南坡、安第斯山的南段西坡等地多雨。以上这些方法都是理解地理概念和原理，认识地理事物本质特征和联系的方法。

（4）教学手段的设计。教学过程中的组织方法与认识方法都需要通过适当的教学手段来体现。如观察需要准备直观教具标本及图片，演示需要仪器或模型，实验需要实验仪器等。又如讲授需要板图或板画、挂图，讨论需要板书或印发提纲，练习也需要板图或填充图等。当前最重要的教学手段应是使用幻灯、电影、录像、激光唱盘、电脑等现代化声像教学手段。地理教师除加强基本功的练习外，主动学习运用电化教学手段应该是当务之急，因为它是地理教学手段发展的必然趋势。要提高使用多种教学手段的能力，扩大地理教具的使用范围，使教学手段多样化，这样根据需要设计相应的教学手段才能有最佳效果。

（5）教学语言的设计。地理教学语言是教学艺术的组成部分，它服从于整个教学过程的需要。教学语言反映了教师对教材的理解和体会，以及教师的口头表达能力与思维能力；教学语言的遣词用句是否深入浅出、形象生动、简练准确是教师的文学修养、知识水平、语言技巧的综合体现；声调、语气、停顿、重音、速度的运用又是语言基本功的重要内容。教学语言的设计要服从于教法需要，如讲解法适于用逻辑性语言，讲述法适于用描述性语言，谈话法适于用启发性语言，朗诵法则适于用艺术性语言等。教学语言要情动于衷，而不能言不由衷，这主要还在于对教学内容的分析和认识，使内容与形式高度一致。

（6）教学过程的设计。教案编写离不开对教学过程的设计，包括组织教学、复习提问（提问的内容、方式和提问的学生）、导入新课（采用方式、语言）、讲新课过程（板书内容、承转衔接、小结与总结。看图、画图、图表或仪器运用、课本与地图的运用等）、巩固新课（方式、问题）、作业布置（内容、要求）等。对教学全过程要有通盘考虑，课未上而思维已进入课堂，这样在上课时才能成竹在胸，信心满怀，得心应手，运用自如。

让学生学会热爱与自信

◇ 汪延茂

1980 年，我曾带着“使中学生喜爱物理并有信心学好物理”的心愿，从教高中物理转到教初中物理，试图从中学生初学物理开始，作点实实在在的教学研究，想真正找到让中学生打心眼里喜爱物理，并有信心学好物理的窍门。13 年过去了，泛泛地想想，觉得要总结的东西很多，可细细地琢磨琢磨，就仅有以下几条了：

一、谁掌握了中学物理实验教学的规律性，谁就能收到物理教学的最好效果

我从事中学物理教学二十多年。在这二十多年中，有十多年时间是在初中物理教学改革中度过的。许多的教学事实和长期的教改实践告诉我，无论是帮助学生建立物理概念，还是引导学生揭示物理规律，乃至帮助学生学习物理学中的基本理论，教师若恰到好处地应用好实验教学手段，总是能收到最积极的教学效果。在这种最积极的教学效果中，既包含了促进学生深入理解并掌握物理学中的基础知识，又包含了促进学生初步形成一些观察和实验等方面的能力，还包含了养成学生科学思想、科学态度、科学精神以及优良的品德个性和良好的行为习惯的教育作用。

随着物理学科教学改革的深入，我们已经看到了实验教学的内容在不断地拓宽，实验教学的时空也在不断地延展。例如，教材中不少演示实验已经转化为学生实验；教材中某些验证性实验已经变成了探索性实验；教材中一些书面的实验习题已经改作为课内外实验操作训练等等。又如，随着我国社会主义市场经济的发展，许多充满了物理知识和技术的大产品与小商品，像潮水般地涌进了市场，“渗透”到家庭，“滋润”着学生。接踵而来的物理观

察与实验方面的内容也相继冲进了市场，波及到家庭，同时又反馈到物理教学之中。课外与家庭的“小设计、小实验、小改革、小制作、小创造与小发明”，纷纷卷入物理实验教学的时空之中。我想，这一趋势无论是从教育的“三个面向”的宏伟目标出发，还是从人类社会进步与发展对未来人才在智能方面的需要考虑，均是教育改革与发展的必然。因此，我们物理教师应当是拓宽物理实验教学内容与时空的推波助澜者，故抓住青少年学生“好奇、好问、好动”的特点，通过各种实验教学形式与手段，把他们“好奇”的心理，引导到科学地猎奇、锲而不舍地追求新知的路子上去；把他们的“好问”的急切求知欲望，引导到善于发现问题、善于提出问题的轨道上来；把他们的“好动”又容易乱动的行为，引导到科学规范的操作程序中去。我认为这些才真正是我们今天物理学科教学改革的重要目标和路子。

例如，我在上“串联电路的电阻”这节课时，常用学生实验方法让他们通过实际操作取得有关数据，再进行思考，从而达到探索串联电路的总电阻与各串联导体的电阻之间关系的目的。多年来的实践结果证明，采取这种方式教学，上述目的总是能满意地达到。每当上到这节课时，开头我总喜欢将一只万用表的后盖打开，让学生观察表内一排排整齐排列的电阻。这一招也常能引起学生的观察情趣。接着便说明万用表的功能，以及内部电路的组成“归根到底是由最简单、最基本的串、并联方式组合起来的。可见，我们今天学习最简单的电路是为了今后学习与研究复杂电路打基础的”于是，本节课的课题——“串联电路的电阻”便顺理成章地引了出来。然后，引导学生回顾上节课学习的伏安法测电阻，再让学生参照教材上写的实验思路进行设计与操作，课便迅速地上了学生活动的轨道。教材上实验思路写得比较清楚，即：“实验的思路是：将已知阻值的电阻器 R_1、R_2 串联起来，通以电流，用电流表测出其中的电流 I，用电压表测出 R_1、R_2 串联后两端的电压 U，再根据欧姆定律的变形公式 $R=U/I$，求出 R_1、R_2 串联后的总电阻 $R_{总}$，将 $R_{总}$ 的值与 R_1、R_2 的值比较，看看 $R_{总}$ 跟 R_1、R_2 有怎样的关系？”

学生一边阅读教材，一边对照桌面上提供的电流表、电压表、开关、导线，以及分别标有 5 欧姆、10 欧姆字样的两只电阻器等实验器材，结合伏安法测电阻的回忆，一幅实验研究的电路图景便在“课文”、“实物”和“方法”三种信息的综合启发下，比较清晰地在头脑中呈现出来。随之，有秩序、按程序的操作活动便在课堂活跃起来。学生通过操作、计算和比较，都发现了他们所测算的总电阻值与两个电阻器阻值之和十分接近，于是，一个共同的猜想，即“串联电路的总电阻等于各串联导体的电阻之和”便成了全班学生的共识。由此，我认为这种实验教学形式，不仅能使学生主动地探索到真知，而且对训练学生用观察实验方法和科学猜想方法研究物理问题的能力起到积极的作用。

又如，我在引入密度概念这节课的教学中，总爱让我的学生“在做中学”、“在学中做”。课堂上我讲得不多，主要任务是分配学生做事，把全班学生分成两大组，让他们分别研究水和铁块，要求他们既要分工又要协作，若一个学生用天平测物体的质量，那么另一个学生就要用量筒把该物体的体积测出来，然后再共同把所测到的质量数值和体积数值的比值算出来。尽管每一大组中的各小组所测量的物体的质量不相同、体积也不一样，但是，一个奇妙的结果，使全班学生惊叹不已！即大家报出来的测算比值，不是接近于1，就是接近于7.8。“为什么”这三个字，便在全班每一位学生的脑子里浮现出来。为什么同一种物体，不论其质量是多还是少，或者它的体积是大还是小，它们各自的质量与体积之比，总是一样的呢？“真奇怪!”这是同学们常在课堂上不自觉地发出来的声音。这个时候引入密度概念的情境基本就绪，教师只需稍作说明，学生就会明白其中的道理，理解“密度”是物质的一种特性的含义。我常在这节课中补充下面的一段话，即：“自然界中的万事万物，总是在运动和变化着的，但是，也总是那些不变的‘东西’在制约着事物的运动和变化，从而使它们周而复始地有秩序地运行着。这些不变的‘东西’又是什么呢？就是物质的性质和物质运动的规律。”这段话，对初中生而言，似乎深了一点，但是，教学实践证明，正是那一个个通过他们亲手实验得出来的，又是几乎相同的数据，促使他们在认识上的飞跃，收到了茅塞顿开的升华效果。

由此，我坚信：实验是教学中“突重攻难”的最好手段，也是提高物理教学质量的最重要途径。就本节课而言，密度概念通过学生实验引入，不仅能使学生深刻认识，透彻理解，而且能让辩证唯物主义思想观点融于密度概念的建立之中，并被学生自然地吸收。这样也避免了理科教学中容易发生的，在思想教育上的灌注式或标签式的生硬现象。有时，我还根据教学实际需要，打破传统课的时空界限，把课内的某些教学内容，设计成课外实验，再把课外实验中观察记录得到的结果，带到课内来进行分析与讨论。

例如，在上“平均速度”这节概念课时，我从全班学生中选出男女运动员各 1 人，发令员 1 人，记时员 4 人，共 7 名学生当堂到室外场地开展“40 米的直线分段记时跑”的活动。要求他们用皮尺在场地上量出 40 米长的路线，并每隔 10 米作一记号，作为记时员记时的位置。男女运动员分别用自己最快的速度完成 40 米的短程跑。4 名记时员要分别记录他们完成短程跑中的 10 米、20 米、30 米、40 米路程的时间。最后，再将这 8 个记录数据带回教室作为分析讨论平均速度概念的重要依据。其他学生留在室内阅读教材并写出阅读提纲，等室外实验的学生返回教室后，再组织大家相互汇报各自活动的结果，汇报阅读提纲的学生必须阐明本节教材的主要知识点和对这些知识的理解，以及对这些知识点感到困惑的地方。这样做的目的有两个，一是训练学生的阅读理解能力和讨论式的学习习惯，二是弥补到室外进行实验的学生未能阅读教材的缺陷。汇报实验记录的学生，主要是把他们在室外测得的 8 个数据，填到教师事先备好的小黑板上的表格中，如下表所示：

性别	男性				女性			
路程（米）	10	20	30	40	10	20	30	40
时间（秒）								
平均速度（米/秒）								

双方汇报活动结束之后，再分 8 组分别用速度公式，把男女学生做 40 米直线跑的分段平均速度计算出来，并引导学生针对 8 组速度数值分析，强调变速直线运动与匀速直线运动的区别，重点说明变速直线运动中平均速度与路程或时间的对应关系。这样做的好处是，把平均速度概念与学生亲自实验得到的第一手资料紧密及时地挂起钩来，收到生动活泼、直观具体，又有亲

切感的良好效果。

总之，实验教学的方法、形式很多，关键是教师要能开动脑筋，把实验教学内容与形式匹配得体，将实验教学方法应用得当，把握好实验教学的时空，那么，生动活泼、积极主动的物理教学的情和景，就一定会应运而生。

二、谁掌握了物理知识应用教学的规律性，谁就把握了物理教学目标的核心内容

我们认为传统教学中的最大的弊端是：忽视了知识应用教学方面的研究与实践。我们的中学生乃至大学生，普遍地比外国的中学生或大学生实践能力弱的原因，恐怕不能说与偏重知识传授的传统教学模式无关。大量的事实证明，人的各种能力，若离开人的各种实践活动，就不可能形成起来，更说不上发展下去。总之一句话，实践活动是形成并发展各种能力的唯一途径。学生学习的本身就是一种实践活动。这种实践活动包括两个方面内容：一是索取知识，它不仅需要从书本上索取，还必须从实践中索取。为此，要进行索取知识的具体行为的训练，以逐步形成并发展索取知识的能力。二是应用知识，即把索取到的知识用于解决实际问题的训练，以逐步形成各种能力。我们把上述的两个方面的能力统称为学习能力。可见，学习能力的形成与发展，若不通过上述的学习行为的训练是不可能达成的。无论是索取知识的学习行为，还是应用知识的学习行为，均突出了一个“用”字。即索取中的“用”和应用中的“用”。我认为初中物理教学大纲中之所以明确地把应用知识提高到学习知识一样的高度，都作为教学目标提出来，是从培养学生的学习能力这一核心目标来考虑的。

我们在初中物理教学改革中，提出“实验、综合、引探式”教学观点，即以实验为基础，坚持综合启发为总原则，引导学生主动索取知识、灵活应用知识为目标的教学，其中就包含了上述道理。为了促进学生在初中阶段接近或达到上述目标，在教学中，我们特别注意对学生进行学习与研究物理问题的方法指导，并想方设法把学生推进到应用物理知识解决实际问题的活动中去。我认为这是帮助学生形成并发展学习能力的最有效的途径。故我在思考和编写华东地区试用的初中物理教材中，积极主张把学习与研究物理问题

的路子和方法写进去，并设计出“实验与思考”、“观察与思考”、“算算想想”、“读读议议”、“想想议议”和“整理知识”等引导学生积极实践活动的栏目，以促进学生养成“在活动中学习”和“在学习中活动”的良好习惯。将我们十多年来在教学改革方面的成功经验，通过教材的形式表现出来，并在更大的范围内产生了积极的教育、教学效益。

例如，我在上“物体不受力的作用怎样运动”这节课时，执行教材的编写意图（也是我自己的想法），突出“观察与思考”这一实践活动，强调观察与思考的路子引导和方法指导，走上讲台便开门见山地提出问题，即课题“物体不受力的作用怎样运动呢?”学生凭空想象当然回答不了这个问题。由此，很自然地过渡到“观察与思考”的活动中去。请同学们仔细观察我的演示，然后再回答上述的问题。演示前，简单介绍一下实验器材和实验的基本程序及步骤，接着出示小黑板，小黑板上是一份表格，利用表格中的栏目内容作向导，栏目中注明了观察对象，说明了观察目的与要求等（请见下表）。这份表的内容实际上起到了观察与思考的路子引导和方法指导的作用。

观察对象	轨道种类	小车受到摩擦力的大小（填“大”、“较小”或“最小”）	小车速度改变的快慢（填“快”、“较慢”或“最慢”）	小车运动的距离（填“短”、“较长”或“最长”）
小车	毛巾			
	纸板			
	玻璃			
猜想	假设轨道是理想的，即无摩擦力，那么小车将怎样运动			

本节课教师的主要任务就是反复地演示好实验，让学生反复地观察。由于课题的激发、吸引，学生很想知道这个问题的答案。加上观察路子的引导和观察方法的指导，以及成功的演示实验的直观启发，几乎没有一个学生不能正确地完成表中的观察记录，且全班学生均能科学地猜想到物体不受力作用将做匀速直线运动的结论。

教学实践证明，“观察与思考”活动使学生不动眼注意观察不行，不动脑积极思考不行。他们通过这一观察与思考实践活动，不仅学到了知识，而且还学到了一些观察与思考的基本方法。更值得一提的是，他们初步地认识到了一个道理，即：科学的猜想是建筑在实验事实的基础上，进而从科学推理得到的。这对学生今后在学习、工作与生活中，注意克服、避免主观臆测的行为也具有一定的教育作用。

又如，我们还经常把应用物理知识解决实际问题的活动放在课中进行，改变了传统的习题课中仅训练习题的模式，而采取学生动手操作解决具体问题的办法，使物理知识与操作性应用紧密挂起钩来。如“密度应用”这节课，传统教学模式通常是教师讲密度应用途径，接着示范密度应用的例题，最后让学生练习这方面的习题。即“教师讲解——教师范题——学生练习”三段式。如今我们让学生阅读教材，自己依据密度公式的变形式找出密度应用的两条基本途径，接着在查密度表的前提下，用操作与计算相结合的方法开展“测体积求质量与测质量求体积”的活动。通常情况下，我将全班学生分成四组，分别完成下列四个问题。

（1）用天平“称”出一卷粗细均匀的细铁丝的长度。

（2）用量筒“量”出若干个等大的小钢珠中的一个钢珠的质量。

（3）用天平“称”出3毫米厚的一小块不规则的玻璃的面积。

（4）用量筒“量”出一瓶空气的质量，允许瓶内注满水。

学生在具体问题、教材内容、实验器材等信息的综合启发下，极思考并努力设计解决问题的实施方案，同时还要认真、细心地操作。整个课堂气氛显得格外活跃，不到二十分钟，各组均完成了方案的实施，并跃跃欲试，盼望老师尽快给出标准答案，以验证自己解决问题的准确性。当我将答案用小黑板公布出来之后，全班学生便欢呼起来。因为他们操作与计算的结果，有的与标准答案一模一样，有的则非常接近。我想这大概是他们对自己亲手劳作成果的一种“品尝效应”，自己种的瓜，总觉得格外甜。

课外，我们还专门为学生设计了两个应用系列方面的活动；一是“物理知识实用说明”活动；二是“几个一的设计”活动。昔人云：“立志需存千载想，闲谈莫过五分钟。”故我们建议学生在课余时间，利用闲谈开展这两项活动，既有趣，又有意义。

例如，在“物理知识实用说明”活动中，我们要求学生利用课余时间的闲谈，说说在日常生活、生产劳动中的一些常用器具上用到的物理知识，看谁说得多、说得正确。这一活动激起了学生极大兴趣。有一次，我让学生说说电饭锅、老虎钳、指甲刀等器具上用到的物理知识，出乎意料，他们竟然一气说出了好多好多，仅电饭锅一样就说出了十几个知识点，如增大气压升高沸点；塑料的勺把既不易导热，又不易导电；电流的热效应；安全阀靠重力作用等等。由此，我得出一个结论：只要我们把中学生的应用思维的闸门打开，并将知识通向应用的渠道，他们就会像潮水一样地冲向应用物理知识的海洋中去。

所谓“几个一的设计”活动，就是让学生在平时的闲谈中，讨论如下一些类似的问题：

（1）用一把直尺，一只弹簧秤，一只量筒，一只秒表，你可以测算哪些物理量？

（2）用一张“声音在各种物质中传播的速度”表和一只秒表以及一个敲击用的小锤，怎样测算铁轨的长度？

（3）用一只量筒、一架天平、一杯水、一个密度大于水的物块怎样测出密度小于水的物质密度。

（4）用一只电流表和一只电压表可以测算哪些物理量？

（5）用一只电流表和一个电阻器或一只电阻箱，可以测算哪些物理量？

这种闲谈活动的实践证明，许多学生均能收到由“几个一”演变成“十几个一”的学习效果。例如，“给你一只弹簧秤、一只量筒、一把直尺、一只秒表，你可以测算哪些物理量？”于是，学生便根据这些测量工具的功能，结合对物理量的意义的认识，或单独使用，或组合使用，把力、体积、长度、时间、质量、面积、密度、速度、压强、浮力、机械功、机械功率、机械效率等物理量直接或间接地测算出来。这样，不仅对巩固知识有益，而且对熟悉方法也有好处，所以我坚信这种闲谈活动，能帮助学生把知识连成一片，促进他们创造性思维的发展和设计能力的形成。

总之，物理知识应用教学的形式和方法很多，它常常和实验教学的形式和方法联系在一起，构成多种多样的物理教学模式。十多年来，我们在总结

“实验”和“应用”两个方面的教学形式和方法的基础上，提出了四种教学模式，即：“以直观方法为主的综合启发式；操作方法为主的综合启发式；讲授方法为主的综合启发式；讨论方法为主的综合启发式。”这四种教学模式，比较适合中学生通过“看、动、听、问（讨论）”的渠道来索取和应用物理知识，以促进学生学习能力的形成和发展。

三、科学地评定学生的学习成绩

我认为“分分分，学生的命根；考考考，教师的法宝”，这句话需要科学地分析。学生追求高分本来就是一种良好的学习心理态势，尽管“分数”不能全面、准确地反映一个学生的学习水平，但它在学生的心目中，确是一种实实在在的具有精神价值的东西。学生获得高分，心理有一种快乐感、荣誉感，不及格就有一种痛苦感、羞辱感。这一教学中的客观事实，我们必须承认。尤其在中学生中，只要考试不取消，这一事实就不可避免。因此，如何科学、合理地评价，就成为我们在教学评估中需要高度重视的第一个问题。另外，学生围绕考试目标学习，源于追求高分的心理，这本来也是正常现象，我们都当过学生，在学生时代，也常常三三两两地议论，某某老师命题的风格、特点，喜欢命什么样的试题，于是在考前复习时，总是注意某些类型的题目。我认为这并不是学生的过错，恰恰是教学双方矛盾对立统一的一种具体表现，这个事实只能说明一个问题，教师的命题倾向往往隐含在他的日常教学倾向中，因此，教师的教学倾向是直接影响学生学习心理倾向的重要因素。

我之所以提出要高度重视学生的“追求高分”的心理倾向和“围绕考试目标学习”的行为倾向，是因为倘若我们在评估学生学习水平的指标上多做些文章，在命题的质量上多下点功夫，从而改变“分数”的“含金量”，那么，上述的心理倾向和行为倾向，便成了驱使学生朝着全面发展的方向前进的内、外动力。这岂不是两全其美的事吗？

根据上述想法，我们在初中生学习物理的水平的评估指标上，作了较长时间的实践研究，同时也在笔试命题上动了不少脑筋，做了不少有益的尝试。

例如，怎样才能比较全面地评价学生学习物理的水平呢？就这个问题，我们一方面根据自己的教学经验拟定出十多个评估指标，另一方面又将这些指标采取问卷的方式发放到学生和同行中，以及部分高水平的物理教学的行家中，让他们选择与补充。最后，我们集中了大家的意见，确认了五项指标，并坚持用这五项指标来评定学生学习物理的水平。

（一）坚持把“实验操作与实验报告”作为一项评估指标

实验是物理学的源泉，也是物理学的基础。教纲、教材以及考纲均强调了实验，可学生在学习中对实验就是不重视，原因到底在哪里呢？学生说了心里话，他们说“考试不考，总分不计，花时间做实验不合算，背背实验照样能拿分”。我丝毫不责怪他们，因为他们，尤其是初中生，在知识、阅历、经验以及认识水平上，尚不可能把今天的学习与未来的需求结合得那么紧密，他们更多地看到的是眼前的考试分数，所以我不太强调用说理的方式来唤起学生重视实验的行为，最好的途径就是利用学生追求高分的心理倾向，把“实验操作与实验报告”作为一项评估指标，并折成分值，记入学生学习物理的总分之中。多年来，我们坚持这样做了，这一招相当起作用，无论是自觉也好，不自觉也好，他们在学习物理的行为上发生了一个根本的变化：实验课中人人争着动手；演示实验，谁也不会轻易地把视线偏离演示仪器。更有趣的是，实验考查前，竟然有学生要家长到学校借仪器，并写保证若仪器损坏照价赔偿，这真是破天荒头一回的事。往日家长向教师索取复习资料，今日却向教师借仪器，这难道不是一个好的兆头吗？关于实验考查的做法请见后面的实录。

（二）坚持把“发现问题并提出问题的质与量”作为一项评估指标

不知老师们是否有这样的体会：许多会学习的孩子，他们不仅能从课本中、习题上，或者是教师的讲课中，敏锐地发现一些问题，而且能比较准确地提出问题，而那些在学习上较差的学生，不仅难以发现问题，就是教师请他们来说说自己还有哪些问题不清楚，他们也是含糊其词，说不清楚，弄得教师辅导也难以下手。可见，在学习中发现问题，并提出问题，是度量学生学习水平的一项指标。

教学中激励学生“发问”，培养他们勇于发现问题、善于提出问题的学习品质应当是我们的教学目标之一。

多年来，我们坚持在教学中为学生创设发现问题的情境，给他们指导如何发现并提出问题的路子和方法，为初中生培养初步的“发问”能力、养成“发问中学习，学习中发问”的习惯，奠定了良好的基础。

为了督导学生步入“发问”学习的轨道，我们坚持把“发现问题并提出问题的质与量”作为评定学生学习物理水平的一项指标，并利用“发问作业”的手段，对学生在作业本上书面提出的问题给予评价，即对好的问题打上星号，同时夹入问题卡，让学生把打星号的问题抄录在卡上，再反馈给教师。学期结束时，教师参照学生作业本上打星号的问题多少记分，并纳入总分中。学生为了追求“发问”这一指标的分数，便自觉或不自觉地更加留心观察、注意实验、重视阅读、认真听讲并积极参与讨论。因为只有这样，他们才能真正发现，并提出一些有质量的问题被教师打上星号。我以为这种学风的形成，不仅对他们今天的学习有益，就是对他们未来的工作也是有意义的。有一次，一位学生在作业本上提出一个问题使我感到吃惊，他问：“地球和月球之间存在着相互引力作用，这种引力是否有传递的时间过程?”一个初中生能提出如此深刻的问题，确实不可等闲视之。由此，我想到一个问题，中学生的想象力丰富，喜欢漫无边际地想，这是他们这个年龄阶段的思维特点。因此，我们当教师的，除了要积极地鼓励他们海阔天空地想之外，还要注意指导他们合乎逻辑地思，从而使他们的想象逐步步入科学思维的轨道，以避免误入胡思乱想的歧途。这也是我们主张在教学中，把学生推到发现问题、提出问题、探索问题、解决问题的学习轨道上的原因之一。

（三）把培养学生会读理科教材，作为培养学生自学能力的主要渠道

理科教师不太习惯于让学生读教材，总认为读课文是文科教师的事，我认为读理科教材和读文科教材是有区别的。不少学生会读语文课本，但不一定会读物理课本，这是事实，加上教师又不注意引导学生阅读课文，久而久之，便养成了学生上课“听书”，课下作业不看书的坏习惯。其实中学物理课

本中，节节内容几乎均是以“论物说理”为主旋律的说明文的形式来编写的，而说明文又是初中语文教学重要内容之一，我们为何不顺手牵过来用呢？这对培养学生的自学能力只有益处，从长远的观点看，对他们今后阅读或撰写自然科学论文也是有好处的。因此，我们不仅要求学生在课堂教学中重视阅读教材，而且还要求他们在一章知识学完之后，学习整理知识，并把整理知识作为一项评估指标。教材中一些重点章节，我们均要求学生把它归纳整理到作业本上，给以评价，并记入学习总分之中，以促进他们自学习惯的形成和自学水平的提高。

通过多年来的实践，在这方面我们有两个收获，一是孩子们读物理课本习惯的初步形成；二是他们归纳、整理知识的本领得到了提高。许多外地教师来我校参观，看到他们的作业之后，总以为是教师帮他们复习整理出来的，其实均是他们自己动脑动手写出来的，因为同一章知识，整理的形式、文字语言各不相同，有的是提纲式，有的是表格式，还有的是方框式……我们想，这一能力的形成与发展，无疑为他们在今后生活、工作中的自学奠定了重要的基础。

（四）培养中学生的创造意识，开发他们的创造力，是教育“三个面向”的需要

世界需要创造，未来必须创造，现代化离不开创造。自然科学的发展，社会科学的进步，人文科学的出新，均无现成的路可走。路总是人走出来的，靠的是什么？靠的是人类的创造力。创造力是人的思维的一种内在的潜力，也是人的思维的一种固有的属性，人人都具有创造力，但这种创造力必须要开发、训练，我们坚信这一条。因此，我们在教学中十分注意培养中学生的创造意识，努力做开发、训练中学生创造性思维的工作。课堂上鼓励他们异想、猎奇，课外鼓励他们尝试创造性的活动。

例如，我在上到“分子运动论”这节课时，常常喜欢用这样的问题来激发他们异想：“你对分子运动论的几个基本观点有怀疑吗？请找一两个实例来佐证你的疑点。”在上到电子论的内容时，也爱提：“你对原子结构的假设模型是否相信？你能不能提出一个新的模型？”这样的问题。这些问题学生答不

出来或者是弄错了也无妨，然而可以激起学生创造思维的“波浪”。又如，我们常常向学生提出如下一些问题让他们课外去想去做：“教材上的学生实验和演示实验，包括器材在内，哪些地方值得改进？在你的生活与学习用具上是否有改进的地方？怎样改进？改进时用到哪些物理知识？你对某一物理现象是否有独特的见解？”等等。对这些问题学生可以自由回答，回答时要求写在作业本上，教师给予评价。

总之，我们在培养学生创造意识和发展他们创造力的教学活动中，主要是以“小设想、小论文、小改革、小制作、小发明”等自由活动形式，但有一条规定，每个学生一学期必须任选一项活动，并向教师提供该项活动的作品，教师根据作品评定成绩记入总分。

多年来，我们坚持这样做，有一大收获，就是学生的思维活跃起来了，前面说的夏虹同学写的“百慕大三角海洋金字塔的成因”的小论文，就是在这些自由活动的形式中出现的。

(五) 改革笔试内容，把观察、操作、设计、应用、阅读和整理知识等纳入笔试内容之中

传统笔试侧重考查学生记忆物理知识的水平和运用物理公式计算物理问题的技能与技巧。在这种笔试内容的导向下，不少学生便钻在背概念、记规律、埋头猛做计算题的圈子里。显然，这种圈子钻得越深，物理学习的思路便越窄，有的学生甚至越学越糊涂，到头来，学物理变成了“背诵+计算”。为了克服传统笔试在导向上不全面的缺陷，我们把“观察、操作、设计、研究、应用、阅读和整理知识”等突出能力目标要求的内容，转化为具体的可操作性指标，用试题的形式引入笔试试卷之中，从而拓宽了传统笔试的内容，我们的基本做法是：

1. 把现象观察引进笔试

培养学生观察力，是初中物理教学的重要任务之一，也是初中物理教学的目标之一。传统笔试不涉及学生实际观察的考试内容，为了弥补这一缺陷，我们把现象观察引入笔试，选择一些具有代表性的演示实验拿到考场上演示，要求学生在试卷上把观察到的主要现象以及现象产生的原因写出来。

例如，在笔试中，我们常常安排这样类型的观察试题：将一只锥形烧瓶口朝下，用点燃的蜡烛在瓶口下方加热数秒钟之后，立即插入染成红色的水中。

这类观察试题，所用器材简单，操作简便，效果十分明显。学生观察、描述、析因均不困难。但是，它的实际意义和效果是从答卷上不仅能区分学生的知识、应用、评价三个层次的水平，而且有利于引导学生平时注意观察、眼脑结合地学习物理。无疑，这对发展学生智能，形成良好的观察品质与观察习惯能起到促进作用。

2. 把简单操作引进笔试

培养学生的动手能力，是物理教学的重要任务之一，也是最基本的教学目标之一。我们把操作引入笔试，找到了不少动手操作解题的“好方法”。

例如，在笔试中我们常常安排以下类型的操作试题：现有硬币若干（考前布置自带），请你根据下表中给出的有关数据，结合所学的知识，用直尺或三角尺把硬币的密度测算出来。试题要求：①写出操作的主要步骤；②列表记录有关测量数据；③求出密度值之后，想一想，测算的值比实际值大，还是小？其原因是什么？

币值 / 质量	1分	2分	3分
1枚硬币的质量（克）	0.70	1.18	1.75

这类操作题，需要的器材简单，操作也不复杂，且方法较多。通过操作和利用题中给出的条件，不难得出问题的结果。尽管题中的“想一想”稍有难度，但通过实际观察与操作，结合所学的测量知识，学生是能够解答的。

笔试中引进这类试题的意义和效果是它不仅能较为综合地评估学生，而且能鞭策学生平时注意动手学习、手脑结合，把学习物理与解决问题紧密地挂起钩来。这无疑对学生的智力的发展、能力的培养、思想的教育、品格的锻炼以及良好习惯的养成均有促进作用。

3. 把简单的探索发现引进笔试

培养学生追求新知、实事求是、独立思考、勇于创造的科学精神，是社会主义新时期总的教育目的之一。这不仅需要教师在教学的全过程中注意引导、加强指导，而且必须通过检测手段加以督促，才能见到实效。因此，我们常在笔试中安排这样类型的试题：把他人观察与实验的事实，其中包括记录的有关数据摆出来，但无任何结论。要求学生根据事实、数据等去继续完成追求新知的探索活动。

例如，某同学研究物体沿斜面下滑的情况，并将物体下滑的路程和对应的时间记录在下表中。请你根据表中记录的数据，分别计算物体在第1秒、第2秒……第5秒内的平均速度，并从计算的结果中总结物体沿斜面作下滑运动的特征。

路程（厘米）	5.0	20.0	45.0	80.0	125.0
时间（秒）	1.0	2.0	3.0	4.0	5.0

这类试题的意义和实际效果是引导学生科学发现，体验科学发现，让他们感知到科学发现不仅要依据物理实验的事实和必要的数据整理、演算，而且还要通过合理的思维加工，这里面既包含了丰富的想象，也包含了科学的分析、归纳、推理、判断，甚至包含了大胆的猜想等等。尽管这种“再发现”比较简单，但在教学中把它作为科学发现的起步训练，是非常必要的，也是很有意义和价值的。

4. 把简单设计引入笔试

培养学生的简单设计能力，是发展学生智力，培养学生想象力和创造力的一条重要途径。我们在笔试中经常安排简单设计类型的试题，要求学生设计测量物理量的方案，研究简单的物理现象所遵循的简单规律的实验方案等等。方案的一般要求有四条：一是主要器材，二是方案原理，三是实施步骤，四是注意事项。

例如，在笔试中我们常常安排这样类型的设计题：要求学生写出测密度、浮力、电阻等方案，并规定至少写出两种；若有三种以上的方案设计出来，且合理可行，则另加鼓励分（附加分）。

这类试题的意义和实际效果是叩开了中学生想象和创造思维的大门。我们深信只要积极引导、加强指导，且导之得法，想象与创造不是初中学生学习发展的禁区，而是极为重要的一块发展区。从他们的答卷中发现，初中物理学中的许多物理量的测量方案是非常多的，有的物理量的测量方案多达十几种，这些资料给我们提供了全面评估学生物理水平的重要依据。

5. 把实际应用引进笔试

物理知识在生活、生产、科技、社会、自然中的应用非常广泛。为了促进学生学以致用，把学习物理知识与生活、生产、科技、社会、自然紧密挂钩，培养学生学用结合的良好习惯，我们常在笔试中引入大量的生活、生产、科技、社会、自然等现象与事实，要求他们找出这些现象与事实所依据的物理知识。

例如，在笔试中，我们通过各种方式编排出下列试题，且只要求学生写出物理概念、规律、原理的名称，我们把这类试题叫做给物理事实贴上物理知识的标签。

（1）运动员跳远用到的物理知识；

（2）指甲剪刀、老虎钳上用到的物理知识；

（3）商场、宾馆常用平面镜来装潢，这里涉及到的物理知识；

（4）自行车上用到的物理知识；

（5）电冰箱上用到的物理知识；

（6）气压热水瓶上用到的物理知识。

这类试题的意义和实际效果是引导学生从物理事实中寻找物理知识，把学习物理知识与认识物理事实紧密地挂起钩来，培养理论联系实际、解决实际问题的科学素养。

6. 把自学与发问引入笔试

导学生整理知识，引导学生敢于、善于发现问题并提出问题，是培养学生自学能力的一条极为重要的途径。学生若把握了整理归纳知识的某些技能，就意味着有了一定的自学能力，而学生若步入了善于发现问题、提出问题的轨道，就说明他们有了较高层次的自学水平。自学，不仅包含了吸收前人已经发现的精华，而且包含了探索今人尚不知道的东西。因此，这种能力的形成和发展，是一个人成才的关键因素，从这个意义上讲，学校教育、教学就是一种教会学生自学的教育、教学。

我们在笔试中，常常要求学生归纳一章或一个单元的知识并提出问题，或者是给一段新的阅读资料，让学生通过阅读材料回答问题并提出问题等等，这样做的目的有三个：一是鼓励学生朝着“吸收和探索”的目标努力；二是检测学生阅读整理知识、发现和提出问题的水平；三是从学生阅读、整理、归纳、发现问题、提出问题中，研究学生的认知结构方式，以及学习物理的思维障碍所在。因此，这类试题的意义和实际效果是不仅对促进学生学习发展的作用很大，同时对研究学生学习发展的意义也很深。

总之，改革后的笔试，物理特色更浓，全面发展的导向作用更明显，与教学目标贴得更近，它已成为我们教学评估的一条重要的途径和方法。

塑造儿童美好的心灵

◇ 毛蓓蕾

一、以情育人　塑造心灵

思想品德课不是单纯传授知识和技能的学科，它关系到少年儿童的精神世界能否健康成长，为此，我们必须重视以情育人，来塑造美好的心灵。

教师丰富的情感对学生产生的移情作用，无疑是一种巨大的教育力量。古人说得好：“亲其师，信其道。”这一点在思想品德教育中尤为重要。几十年的教育实践，使我对此深有体会，并且对于从事思想品德教育教学工作的教师，怎样做到以情育人，塑造少年儿童美好的心灵做了长期探索和研究。

（一）以情育人是思想品德教学的特点

小学开设的各门学科都各有其特点，那么思想品德课教学的特点是什么呢？1980 年我校刚开设思想品德课时，也曾反思过六七十年代小学毛泽东思想课和政治课的弊端。那时，不考虑儿童的年龄特点，各年级一律板着面孔讲道理，把孩子们培养成了“小教条”。这绝不应该成为小学思想品德课的教学特点。于是，我们从研究小学生的特点入手。我们发现，在思想品德课教学中，同样的道德要求，有的教师讲课后效果极好，有的教师讲了等于白讲，学生听而不闻。究其原因，前者师生关系亲密，学生都喜欢他；后者师生关系紧张，甚至有些对立。看来情感因素起很大的作用，要在动之以情上下功夫。一年级教材有一课是《我给老师戴红花》，但是，新入学的孩子刚开始时对班主任老师还不太亲密，对其他任课老师也不太熟悉，因此，我们要尽可能地多跟他们接近；上课时热情地多给他们鼓励，下课时常和他们一起做游戏；生活上也要多关心他们，注意他们的衣着是否跟气候相适应；知道有孩子病了，要尽早去探望。这样，可以使孩子逐步地感受到老师对自己的爱心，从而喜欢老师，为今后的尊敬老师打下情感上的基础。

在上《我给老师戴红花》课文之前，我们发动并组织小朋友去访问老师，面对面地倾听老师亲切的、蕴含师爱的语言；让他们观看老师们埋头备课、批改作业、分发点心等辛勤劳动的情况。在家长们的密切配合下，有的制作了一朵朵小红花，有的用彩色笔画成了一朵朵小红花，打算献给老师。这一些课前的准备活动，其目的都是为了培养孩子对老师的感情。正因为有了如上所述的课前准备，所以在上《我给老师戴红花》一课时，小朋友们的反应就显得分外热烈，当孩子们在老师面前踮起小脚，给老师戴上小红花，向老师轻轻地说一两句表示敬意的话语时，师生的互爱之情洋溢在整个课堂教学过程之中。在这个良好的基础上，孩子们就会比较自觉地去记住老师向他们提出的要求。

同样的教学内容，假若缺少情感因素，只是空空洞洞、干巴巴地提出尊师的要求，其教学效果将大不一样。由此，体会到以情育人是思想品德课的教学特点。

在思想品德课上，教师要讲清道理，学生明白老师所讲的内容后，要相信教师所讲的道理是正确的，才愿意按照老师说的“应该怎样做”和“不应该那样做”的道理，并以此来指导自己的行动。要使孩子们相信教师所讲的道理是对的，是正确的，那么思想品德课就不仅要做到以理服人，还必须积极创设道德教育的情景，让学生在情景交融中引起情绪上的共鸣，以培养高尚的情感，这是思想品德课能够取得成效的重要因素。因此，小学思想品德教学大纲将“以情感人，情理交融”列为教学原则之一，明确规定“教师要以自己的真情实感以情载理，激发学生的道德情感”。

这一原则的贯彻不仅是对教学的总体要求，而且是要落实到每一课的教学中去的，根据教学目标分类学的原理，每一课课文都包含了认知、情感、行为三个领域的教学目标，只是不同的课文对这三个领域的要求有层次上的差异而已。我和老师们在备课中不仅钻研每课教材，还认真学习上海市教育局教研室编的《小学思想品德教学目标》，领会每一课的情感领域目标，并与该年级学生的思想状况、心理特点和生活实际结合起来研究，恰如其分地订出每节课的教学目标。并且以此目标作为评价该课教学质量的指标，将以情育人的任务落到实处。例如，二年级的《学做家务事》与三年级的《小帮手》都是要求学生参加家务劳动的内容。但由于年级不同，情感目标的层次也不同。前者只要“学会做些家务事而高兴”就行了，这符合低年级学生的特点，从不会做到学会做，每学会一件事就兴奋不已。所以，上课时要具体教一两件家务事，像拣菜、折叠衣服等，让学生体验一下学会后的高兴心情，并引导他们回家后继续向父母学。三年级则要求学生“乐意做家长的小帮手”，这是在已经会做的前提下，进一步达到心甘情愿地、经常地帮家长做的程度。这时，单靠学会时的新鲜感、兴趣就不够了，必须在课上用父母辛勤工作，回家还要辛苦劳动的大量事例，激起学生要关心父母、体谅父母的感情，以及认识到自己是家庭一员，有责任承担一部分家务劳动。这种关心、体谅与责任感就比低年级的情感又高一层了。

以情育人也符合儿童心理活动的规律。情感是人对客观事物是否符合人的需要而产生的体验。它在人的社会实践中产生，又反过来对人的实践活动起着重要作用。儿童的情感在教育影响下，内容不断丰富，情感的深刻性与稳定性也在不断发展。但总的还呈现出易感动性特点。尤其在小学低年级阶段，儿童的情绪很容易受外界事物的影响而发生变化。他们的智力活动、集体活动都带有很强的情绪色彩：喜欢的学科就认真学，不喜欢某位老师也就不喜欢他的课，一场体育比赛后，胜者欢呼雀跃，败者嚎啕大哭等等。他们的道德行为也常常是出于受某个先进事迹的感染而作出的模仿。而教师在课上有意识地引导、激励与强化，则可以使他们的一时激动变成稳定的道德情感，使偶发行为变成经常的道德行为，并进而形成良好的品德。

有一天早上，我发现小女孩朱绍敏拖着鞋带散开的鞋子在早操队伍里走着，举步困难，稍一不小心，鞋子就可能脱落，然而朱绍敏坚持做操，直到早操结束。后来我了解到她这样做的原因，很受感动。事情虽小，却是她心灵中美丽的闪光点，可以用来对全班同学进行教育。

上课铃响了，等全体小朋友都坐到了自己的位置上，我就抬起朱绍敏的脚，让全体小朋友一起来观察，要求小朋友想一想，拖着鞋带散开的鞋子随着进行齐走步是什么滋味，有没有困难？然后提出问题，让大家一起来思考：跟随队伍前进时，朱绍敏小朋友为什么不停下来系鞋带？为什么不把鞋帮拔上再走呢？

起先，小朋友寂静无声，都在进行思考。然后，我让朱绍敏站起来，请她告诉大家这是为了什么？于是，小女孩用她那纯朴而又充满感情的声音说："要是我停下来系鞋带，我们的队伍就要乱了，我们班级就得不到广播操优胜奖了。"

孩子短短的几句发自内心的爱集体的话语，感动了全班小朋友，大家不约而同地鼓起掌来，纷纷举手，用自己的真情实感，来赞美他们的同学。在热烈的气氛中，我以充满情感的语言作了小结，使小朋友们懂得，自觉遵守纪律是光荣的，爱护集体能受到大家的尊敬和赞扬，从而进一步强化了朱绍敏的道德情感，提高了她的道德认识。同时，对原来就有遵守纪律、爱护集体的愿望的其他学生也是一次激励，促使更多的学生以朱绍敏为榜样，像她一样从小事做起，从现在做起，从自己做起，做到遵守纪律、爱护集体，为了集体荣誉，能自觉克服困难。

（二）情感在思想品德课教学中的作用

正确理解情感在思想品德课教学中的作用，有助于我们合理地运用情感教育的力量，不断增强思想品德课的教学效果。

情感在思想品德课教学中的作用，概括地说，情感应是道德认识的基础，是道德行为的催化剂，是激发道德动机的桥梁，也是沟通师生关系的纽带。

1. 正确的道德认识要以情感为基础

人的情感是具有感染性的，也就是说，在一定条件下，人的情感可以相互感染，相互影响，从而产生相同的情绪体验。

我们思想品德课教师，常常运用自己的语音、声调、节奏、动作、姿势以及面部表情的变化，激起学生情绪上的共鸣，加深对道德概念的理解，由此达到教师预期的教学目的。

在课堂教学中，我十分注意用自己的真情实感，向学生讲述英雄模范人物的故事，赞扬集体中涌现出来的好人好事。我怀着强烈的爱憎分明的感情，以诚挚的话语来叩开孩子们的心扉，激起他们的情感波澜，将深刻的道理渗透到孩子们的内心深处，也就是说，以师生共同的情感为基础，引导学生获得正确的道德认识。

在《好伙伴》一课中，为使小朋友懂得小伙伴之间要团结友爱、相互关心的道理，我介绍了一个关心集体、爱护同学的故事。说的是一个名叫丰丰的小男孩儿，当他发高烧躺在床上时，还一直想念着班级，想念着同学们。他对妈妈说："妈妈，我想班级，我想念我的小朋友。"他又对爸爸说："过几天，我们班上的同学要在放学后种植蓖麻，你能给我找些蓖麻籽吗？"虽然丰丰的双手一点力气也没有，但还是坚持将爸爸给他找来的蓖麻籽的硬壳剥掉，将一粒粒种子用纸包好，然后用发抖的手给班级写了一封信，信里写道："小朋友，我知道你们正在收集蓖麻籽，所以我也送上几颗，表表自己的一点心愿。"

这一段故事内容和我讲述时的感情，使小朋友受到了感染。我从孩子们的脸部表情和教室里的气氛觉察到，孩子们对小伙伴和集体的感情正在形成，这正是教师重视道德情感的结果，有了这样的情感基础，再引导他们去爱伙伴、爱集体，这样的说理易于为学生所接受。

我认为思想品德课教师要抓住一切机会让学生自己来领会榜样人物崇高的、积极的道德情感，使他们能从中获得精神上的鼓励，进而明白所学的道理。

思想品德课教材中有一篇题为《敬礼！亲爱的老师》的课文，这一课的教学要求是让学生知道教师的奉献精神和辛勤劳动，理解教师是值得全社会尊敬的，为此，少年儿童应以实际行动来尊敬教师，学习教师的奉献精神。

这堂课的教学设计也是以培养情感作基础的。事先，我们组织学生采访本校老师，要求每一名学生向自己的父母了解他们当年接受教师培养、教育的情形。通过这一些活动，学生爱戴老师的情感就有了初步体验。

上课了，执教老师出示一支大红蜡烛放在讲台上，点燃后，启发孩子们仔细观察燃烧着的红烛，这时教师说道："同学们，你们瞧，红烛不惜把自己化成滴滴蜡油和缕缕青烟，却把光和热奉献给了人类。它燃烧了自己，照亮了别人，这就是一种无私的奉献精神！"

这时，同学们边观察、边聆听、边思索，教室里洋溢着平素的气氛。于是，老师按下了录音机上的键钮，一首儿童歌曲轻轻地响了起来，童声在歌唱："风啊，你轻轻吹，轻轻吹，我们的老师刚入睡……"

学生们沉浸在情景交融之中，有个孩子激动地说："现在我更清楚了，有许多可敬可颂的老师，他们为培养我们正在做出无私的奉献，我将永远铭记在心里！"

接过孩子的话语，老师深情地回忆起自己童年时代曾经得到过的老师的关怀和培养，流露出真诚的感激之情，表示自己决不忘记老师的培育之恩。执教老师的这一番心里话，再一次引起了全班同学的共鸣，接着，教师讲述教师的职业是崇高的，全社会都应尊师重教的道理，教学效果很好。

在道德教育中，发挥情感作用是十分重要的。通过情感的作用，学生产生一定的情绪体验，这种在与具体事物和形象相联系教学氛围中产生的情感，将成为学生形成正确道德认识的基础。

2. 良好的道德动机要用情感去激发

心理学告诉我们：道德动机是推动人们产生和完成道德行为的内在原因或动力，有了正确的道德动机，才能产生符合社会要求的道德行为。

所以，教师在向学生提出行为要求时，必须先使学生明确训练的意义，并使之成为学生内在的需要，形成正确的道德动机。我在进行行为训练前，总是设法让孩子懂得为什么要实施训练，激发学生自觉行动的意向，从而使他们产生强大的内驱力，自愿地、兴致勃勃地去进行行为实践。

在上《爱劳动》这节课时，我不是用简单的讲解来对学生提出要求，如什么叫家务劳动？为什么要参加家务劳动？而是用真挚的情感和切身的感受去激发学生适当参与家务劳动的动机。我用同情的语气说道：

"有几位孩子的妈妈对我说：'唉，毛老师，我每天下班回到家里，真想好好休息一下，可是回到家中一看，房间里、厨房里乱糟糟的。我要忙着整理东西，扫地、擦桌子，还得淘米煮饭、切菜烧菜。吃完晚饭，把盘子、碗筷洗涤干净后，还要给孩子辅导功课，检查作业。连孩子用的铅笔，也得由我来一支一支削尖，真把我累死了。'同学们，我听了几位妈妈的话，心里很不好受，怎么办呢？"

说到这里，我稍稍停顿了一下，用诚恳的目光扫视着教室，只见一双双小眼睛忽闪忽闪地，一个个小脑筋都在那里思考。于是，我又接着说：

“同学们，你们的家长每天忙里忙外，非常辛苦，你们能不能想出些小主意，让他们少辛苦一点呢？”

学生们都踊跃地举起手来，争着发言。

“我放学回家，可以帮妈妈扫地、擦桌子。”

“我会帮忙擦地板、拣菜。”

“家里的杂务活儿，只要我能做的，我都可以做。”

“这样很好，”我点点头微笑着说，“那么，你们为什么要这样做呢？”

一位同学站起来回答说：“老师，您以前早就告诉过我们，回到家里，自己的事情自己做，穿衣、穿鞋、削铅笔，都不应该再麻烦爸爸、妈妈；家里的活儿帮着做，不要张开嘴等爸爸、妈妈把饭菜端到跟前才吃。”

有的说：“我回到家里帮忙干一些家务活儿，可以让妈妈少操一点心，让妈妈多一点休息时间。”

“爸爸、妈妈休息好了，第二天上班才有精神。”

“我帮助家里做点事，可以减轻爸爸、妈妈的负担。”

“做家务也是一种劳动，劳动最光荣！”

学生们干家务的动机，就这样被激发起来了。干家务活儿不是因为教师的“命令”，而是经过情感的激发形成良好的动机，内化成为学生自觉的需要。

最后我勉励学生：“既然大家都认为应该帮爸爸和妈妈分担一些家务事情，那么，说到就要做到。以后还要请大家来汇报交流，怎样方能在不影响正常学习的前提下适当干一点家务？你是怎样做的？看看谁做得更好，好吗？”

3. 自觉的道德行为要用情感去催化

真挚的情感激发了学生的道德动机，教师的亲切语言和殷切期望，促成了师生在情感上的共鸣，良好的动机有力地推动了学生的道德行为。在情感的基础上，我又以师生情感上的共鸣来加以催化，让学生具有更自觉的道德行为，使之发展，使之巩固。

仍以《爱劳动》课文为例。在以后一段时间里，我向学生家长和学生做了多方面的了解，当我看到学生自觉参加家务劳动已有一定成效时，就举行了一次有关家务劳动的交流活动。让行为成为习惯，得以坚持。

先是由我做启发性引导，然后由学生们来交流，彼此得到情感上的激励，再进行归纳，提出新的要求。

一开始，我说："最近我又碰到几位家长，他们都很开心，都夸奖自己的孩子，回家后不但能认真温课、做作业，还肯帮爸爸、妈妈扫地、洗菜、上街买油盐酱醋，大人省力多了。孩子们参与家务劳动，既减轻了家长的负担，节省了家长的时间和精力，又让孩子养成了良好的劳动习惯。同学们，老师听到你们的家长夸奖你们，看到你们的家长高兴的样子，老师心里也真高兴。你们都是懂事的好孩子啊！"

这时，全班学生开始议论，看上去他们也都很高兴，心情也都很激动。于是，我趁热打铁，表扬了几位表现比较突出的同学，接下来，请他们谈谈各自是在什么思想指导下去参加家务劳动的、他们是怎样去做的、他们家长又有些什么反应。

当堂发言的同学有好几位，热情洋溢，内容丰富有趣。一位名叫李捷的学生讲道：

"奶奶年纪大了，又有心脏病，我应该帮奶奶做点家务。有一次奶奶要去买米，我说：'我有力气，我来背。'我把10斤米背回家来，奶奶笑了，我也乐啦。有一天早晨，爷爷有要紧事要办，匆匆离家走了，我就帮爷爷叠被子。我想，等爷爷回到家里，就可以多休息一会儿了。"

听到这里，全班小朋友热烈地鼓起掌来，很明显，李捷的情感已经在其他同学身上引起了反响。李捷顿了一顿，兴奋地接着说："我多为爷爷、奶奶做一点事，就可以让爷爷、奶奶多一分轻松，他们年老有病，我做的是我应该做的，而且，这样做了还可以锻炼自己很有劲。"

师生情感的交融，同学之间情感的相互感染，促使学生对自己的道德行为有了进一步的认识，他们能自觉地去向别人学习，想做得更多、更好一些。在交流小结时，我诚恳地提醒同学们，在帮忙干家务时，不要机械地去模仿照搬。譬如说因为小李能背10斤米，大家就都要回去背米，因为各人的体力状况不尽相同，而且各人的家庭条件也不尽相同。大家应做到既主动、积极又合理、适当，同时我告诉同学们，衡量一个人品德的好坏，不但要看动机，还要看行动、看实践，重要的是能够持之以恒。

用情感教育来催化学生的道德行为是行之有效的教育方法，在培养学生劳动习惯方面是这样，在培养学生敬爱老师方面也是这样。

我平时注意培养学生对学校全体教师的敬爱之情和钦佩之心。培养学生对教师的情感，一般从了解教师的工作情况入手，这是很重要的。我让孩子们知道，老师每上一堂课，要花很多时间和精力，如熟悉教材、翻阅教学参考资料、向别人请教、动脑筋设计教案、制作教具。每天晚上，当同学们入睡以后，老师还在灯下批改作业。老师的工作十分辛苦，又十分有意义。

有时我结合老师们的感人事例，抓住时机向同学们作介绍。有一位老教师病了，为了不耽误学生的学业，他一边发高烧，一边照常授课；另有一位女教师，自己的孩子病了，都顾不上送去医院就诊，可来校发现班上有同学缺席时，却马上去进行家访。

同学们听了，都很感动，老师们无私的奉献精神已深深地印入了他们的脑海，对老师的敬仰之情愈来愈深。情感的力量对学生尊师的道德行为起了催化作用，他们都想用自己的实际行动来表达对老师的爱戴和敬重。

在高年级的一堂思想品德课上，当我问学生准备以什么行动来尊敬老师时，同学们提出了好多设想：

“我们可以在教师节出一期《红烛赞》专栏。”

“建议中队组织一次‘感谢您，辛勤的园丁’主题队会。”

“主题队会的一切准备工作都由我们自己来操办，不要老师来操心。”

“数学老师的脚踝扭伤了，我们不能让她站着上课，可以在讲台旁边放一把椅子，请她坐下来给我们讲课。”

“我们要懂事，让老师放心，老师心宽了，多笑笑，对健康有好处，可以越活越年轻。”

还有两位同学激动地说：

“大家应该自觉一点，努力学习，热爱劳动，把最好的品德行为和学习成绩交给老师，使老师多舒心点儿。”

“我长大了，也要当教师，而且当个优秀教师，像我们现在的老师一样，培养出千万个好学生。”

同学们的尊师倡议还有很多，而从上述两位同学的倡议来看，他们尊敬师长的情感和尊敬师长的道德行为都已步入了较高的层次，令人欣慰。

尊师教育活动在课外得到了延伸，密切了新型的师生关系，师生互相尊重，互相爱护，情感融洽。情感在催化道德行为中所发挥的作用，是非常明显的。

4. 和谐的师生关系要靠情感去沟通

在教育教学实践中，我多次发现，小学生最喜欢上的课程，往往是因为他们喜欢执教这门学科的教师，而师生之间的关系是否和谐，又往往会影响小学生的学习积极性，影响小学生的学习质量。

多年前，有一位30多岁的老校友回到母校看望老师们，他谈了一些离校后的情况，也回忆起一些在母校学习时的往事，其中谈到这样一件事："进中学后，我的数学成绩一直比较差，这跟我在小学时没有打好基础有关。当时的一位算术老师曾对我说了几句过头的话，刺伤了我的自尊心，我就记恨在心。老师看到我，不喜欢；我见了老师，既害怕又讨厌，两人缺乏感情，关系冷冰冰的，有时师生关系还有点紧张。每逢上算术课，我就感到厌烦。我从不喜欢这位算术老师逐步发展到不喜欢算术这门学科。当然，现在想起来可真有点后悔，这事哪能全怪老师呢？"

老校友的这段话语，触及了师生情感与师生关系的问题，值得深思。

我切身体会到，教师除了认真备课、精心设计教学方案之外，以真挚的情感去建立和谐的师生关系，也是不容忽视的。而且，这种关系并非一朝一夕能够形成，需要教师进行长期的、坚持不懈的努力。

在教学过程中，我总是以真诚来对待我的学生，我尊重每一个学生，热情鼓励他们勇于发表自己的意见。我认真地倾听每个学生的发言，对说话不流利的学生，我也总是用期待的目光注视着他，用婉转的话语给予勖勉。对学生的缺点，我尽量采用正面的提醒或暗示的方法，不使他们感到难堪。当学生对我所提出的问题回答不出时，我从不横加指责，而是首先想一想所提问题是否明确，要求是否太高。

记得有一次我到一个班级去临时代上思想品德课，我提问："谁能告诉老师，我们国家的哪些航天技术已达到了世界先进水平？"结果没有一个同学能回答出来，我只能自己来“收场”。课后仔细思量，原来问题还出在自己身上，因为我并不了解这一班级学生的知识水平。把同一教案放在知识基础不尽相同的班上去实施，不从学生实际出发对学生进行提问，极易挫伤学生的学习积极性，影响了预期的教学效果。于是，在下一节再去那班代课时，我就以诚恳的态度在班上作了自我批评。我这样做，不但没有损伤我原来在学生心目中的形象，而且赢得了同学们的信任。师生间的情感有了增进，我的真诚使师生的关系显得和谐。

曾在五年级组举行过一次学生代表座谈会，目的是探讨师生情感与师生关系。同学们畅所欲言，谈得很多。有几位学生这样说道：

“老师能尊重我们，既是我们的老师，又是我们的朋友，我们心里有话，都愿意跟老师说，上课时，我们都能积极发表意见。”

“老师发现自己有缺点，主动向我们承认，还检讨呢，我们很感动。”

“我讲得不对，老师不是严厉批评我，而是微笑着帮助我回答。”

“我胆子小，不敢站起来发言，老师走过来，轻轻地用手摸摸我的头，悄悄地对我说：‘一次答对了，以后就不大害怕了，对吗?’老师这样鼓励我，我胆子就大了。”

“老师说话亲切，有时带点幽默，我们笑了，从笑声中我们也明白了一些道理。”

“我们喜欢老师，觉得上课时间过去得真快。唉，怎么这样快就下课了。”

听了同学们在座谈会上的发言，我们在座的老师都受到启发，我们又一次领悟到这样一个道理：教师理解学生、爱护学生，就能赢得学生的尊敬和信任，师生之间的真挚情感就会油然而生，有了这种真挚情感，才能沟通和谐师生关系，这样有助于调动学生的学习积极性，提高教学效果。反之，若是师生情绪对立，必然导致师生关系紧张，使教学效果大打折扣。

我除了在上课时以亲切的、平等的态度对待学生外，课余还尽量安排时间，争取跟学生相处在一起，向学生征求有关思想品德课的教学意见。

我还经常跟学生一起参加劳动，一起玩耍。孩子们跳长绳，我起劲地帮他们甩绳；孩子们打乒乓球，我也和大家一样，依次排队，挥拍上场，尽管我常是败下阵来，可只要我一上场，孩子们的笑声就格外响亮。有一次，一位小学生和他的爸爸在路上遇见我，他当着我的面告诉他爸爸说："爸爸，你知道吗，毛老师是一朵笑云，飘到哪里，哪里就会有欢笑！"

我一直有这样的想法：凡是孩子们感到有兴趣的，我也应该感到有兴趣。对孩子们的烦闷和苦恼，我要给予真诚的同情和关怀；对孩子们渴望满足的正当要求，我要尽力去帮助他们完成，不但要给孩子们精神上的支持，还要在具体做法上给以指导。就这样，我和孩子们做到了相互尊重、相互信任，师生关系显得和谐、融洽。有些师生间的偶发事件，就能在相互信任、相互谅解的氛围中得到顺利解决。

譬如有一次，一位学生家长答应送给我们一对长毛兔，要我翌晨去他的工作单位领取。同学们知道这一消息后都很兴奋。我当即答允同学们，第二天一早，我一定会在上课前把长毛兔带回班上来。

第二天早晨，当我提着兔笼跨越同心路铁路道口时，没想到放长毛兔的笼子底部突然脱落，两只长毛兔在马路上东奔西蹿。那时道口人流、车辆往来很多，一时实在没法抓得住，真是弄得我手忙脚乱，满头大汗。后来亏得有几位热心的路人帮忙，包抄堵截，费了很大力气，才终于把两只惊慌失措的长毛兔抓住。这时我一看手表，跟我和同学们约定的时间已超过了一个多小时。啊，我让孩子们等久了，他们会责怪我吗？

我怀着不安的心情走进教室，可是孩子们没有争着去看长毛兔，也没有一个孩子表露出责怪的情绪，而是大家十分关切地围在我的身边，问长问短。从他们的话语中我知道了：孩子们固然很想早一点见到盼望已久的长毛兔，可是大家更关心的还是老师的安全。他们说：

"毛老师从来不迟到，今天来迟了，一定是遇上了意外的事情。"

"我们大家要自觉守纪律，保持教室安静，做到老师在与不在一个样。"

"只要老师能平安来到学校，长毛兔不要也没有关系。"

眼见孩子们对我的信任、谅解和真诚的关怀，我怎么能不为主感动，为之振奋！

（三）激发情感，上好思想品德课

思想品德课的教学方法是多种多样的，不拘泥于一格，重要的是要充分发挥情感在课堂教学中的作用。要做到这一点，教师就必须在上课时把学生的情感激发起来，形成情感上的共鸣。这犹如用火种去点燃火炬，可以引发火炬的熊熊烈火。

关于通过思想品德课教学来激发学生的情感，我曾从多方面进行了尝试。我的体会是：教师自身首先要情感投入，只有当教师具备了丰富的情感，才能做到以情激情；在叙事时，我有意识地让学生和我一起进入角色，成为事件中的一员，让学生能设身处地，为角色着想；在树立典型时，我又以英雄模范人物的先进思想、模范行为来感动学生，鼓舞孩子们奋发向上的精神，同时，我还经常自己设计、制作教具，直观、形象地激发学生的情感体验。

1. 教师情感投入，以情激情

教学过程是师生之间相互联系、交互作用的过程，必然也是情感交流的过程。要上好思想品德课，教师在授课过程中自身情感的投入是十分重要的。

怎样使自己的情感能够由衷地投入呢？我认为一定要刻苦钻研教材，领会教学目标在认知、情感、行为三个领域的具体要求；要认真挖掘和理解教材中各个人物的心理活动，并根据儿童的年龄特点和他们的生活和思想实际，将我们自己丰富的情感在授课时直接感染给学生，通过师生心灵的交往，以情激情，达到教学设计的目的。

我在思想品德课上，向小学生进行爱祖国、爱人民的教育时，介绍了四川省某地遭遇水灾的状况：

“凶猛的洪水淹没了庄稼，卷走了牛羊，房子倒塌了，铁路被冲坏了，桥梁也已断裂。人民的生命受到了严重的威胁。小英和她的爷爷跟随乡亲们逃到高地上。眼见周围都是滔滔洪水，小英急得哭了。”

讲到这里，我以严肃的表情、暂时的停顿来引发学生对处在危险境地的小英和她爷爷的焦虑感。我想，激起了这一种焦虑感，会使学生产生急切盼望小英和乡亲们获救的心情。于是，我接着说：

“爷爷望着洪水，抚摸着小英的头，亲切地安慰道：‘小英，不要着急，祖国人民会来关心我们的，党会来救援我们的。’小英爷爷说得对，党中央得知四川省发生特大洪水的灾情消息后，马上召开紧急会议，组织各个部门千方百计地去支援灾区人民，全国人民也都关怀着灾区的情况。7 月 15 日那天一大早，小英和乡亲们忽然听到了嗡嗡的飞机声，大家抬头一看，呀，飞机来了，大家高兴地叫了起来：‘飞机！飞机！祖国人民来救助我们了！’这时，只见一大包一大包的东西从飞机上投下来，可以想象到，这一大包一大包里放的一定是灾民急需的粮食、衣服、药品和日常用品。人们激动得流下了泪水。”

由于我自己对灾民抱有强烈的同情心，自己的情感十分投入，所以我娓娓叙说，使小学生们也都激动不已，当堂引起了共鸣。稍停片刻后，我又启迪同学们：

“请大家想一想，这时候小英和老乡们在想些什么呢？他们会对前来保护灾民的亲人解放军说些什么呀？他们想的是，我们的祖国和人民多好啊，社会主义大家庭充满了温暖，真是一方有难，八方支援。乡亲们表示，等洪水退去，一定要加倍努力把自己的家乡建设得更美好！”

这时，全班同学的情绪都很激动，有一位男同学站起来问道：“毛老师，那边的洪水已经退了吗？灾民们现在的生活怎么样了？还很困难吧？”

我见以情激情已获得了预期的效应，孩子们的脑海里已掀起了波澜，就紧接着说：“报上的消息说，洪水已稍稍退了一点儿，灾民们还有不少困难，那么，我们该为他们做些什么呢？”

班上同学情绪高涨，都迫不及待地要求发言。

“我要给灾区的小朋友写慰问信。”

“我愿意把衣服送给灾区的同学们。”

“我可以把平时节省下来的积蓄寄到灾区去。”

同学们的情绪反应是这样的热烈，这样的真诚，我也深受感动。

2. 创设情境，以角色激情

角色这一名词，说的是由社会规定了的用于表现一个人在社会所处位置的行为模式。

有一句我们常说的话：“要设身处地为别人想一想。”意指当我们遇到某一个需要解决的问题时，特别是当我们跟有关人员对某一问题的看法、做法和体会不尽相同时，就不妨将自己放到别人的位置上去，参照别人当时当地所处的特定环境来思考一下某一问题，这样，可以有利于减少主观意识，有助于大家对问题取得共识和谅解。

我在前一节内容里已提到了教师用情感投入、以情激情的教学方法，若以角色这一概念来衡量，那么教师的情感投入和教师进入课文中特定的人物角色是一致的，密切相连的。如在叙述四川省遭受洪水灾害的时候，我眼前就出现高地周围一片汪洋的情景，我学着小英说话，我的情感就进入了小英的角色，这样的说话才具有感染力。

我常用创设情景、调换角色或引入角色的方法来进行思想品德课教学，在低年级思想品德课《我为家庭添欢乐》一课教学时，我与学生一起参加小品演出，由我扮演戴了老花眼镜的老奶奶，由两位同学分别扮演爸爸、妈妈，由一位小不点儿男孩扮演小冬冬。排演的过程也就是教育的过程，让每一个演员都设身处地为所扮的角色思索一下，他们该怎样想、怎样做?

一开场，老奶奶在抹桌子。这时，小冬冬回来了，叫了一声奶奶，把抹布抢过来，请奶奶坐下来休息。奶奶笑眯眯地坐下，拿起了针线活儿。小冬冬抹干净桌子，又开始扫地。这时，爸爸、妈妈先后回来了，爸爸手里拿了一包书，妈妈手里拎着菜。小冬冬叫了爸爸和妈妈，把他们手里的东西接过来，放在桌子上。爸爸和妈妈看见房间里干干净净，很高兴。小冬冬告诉爸爸，今天语文老师在上课时夸奖他，说他的周记写得好；班主任也表扬他，因为他将家里的老青菜叶拿去喂兴趣小组的兔子；体育老师也说小冬冬做操认真，走步合节拍。奶奶和妈妈在室内边干家务边听小冬冬说话，也都很高兴。爸爸摸摸小冬冬的头说：“你真是个好孩子，好孩子为我们家庭增添了欢乐!”

学生们都看得津津有味，兴高采烈，有的学生要求自己也上来扮演角色。虽然角色的表演并不成熟，有时还会出点洋相，引起哄堂大笑，但是学生对这种生动活泼的教学方法的喜爱程度是显而易见的。用课堂小品的形式来创设情境，让学生暂时调换一下角色，从学校里的一名低年级小学生变成大人或小不点儿，在自我教育中又教育了别人。以角色调换来激发小学生的情感因素，能达到预期的教学效果。

在中、高年级教学中，除小品表演外，还可以采用短小精悍的即兴表演，尽管孩子的演技不熟练，但调换角色，现身说法的教学方法，寓教于乐，有助于学生去领会应该这样做和为什么这样做的浅显道理。

演小品仅是调换角色的方法中的一种，其他可以实施的途径还有不少，另一种是借助外来角色。我们在上《给残疾人添温暖》一课之前，组织学生去访问聋哑学校。师生听了聋哑学校校长的介绍后，对聋哑学生在生活上遇到的困难，特别是在文化学习上遇到的困难，更加了解了。聋哑儿童发奋学习的精神和聋哑学校老师努力工作、无私奉献的思想品德，使同学们钦佩不已。学生拿自己跟聋哑儿童比较，生理条件比聋哑学生优越多了，没有理由不把自己的学习抓好。聋哑学校校长的介绍，大大地激发了同学们对聋哑儿童的同情之心和钦佩之情。

同学们置身于聋哑学校这一特定环境里，耳闻目睹聋哑学校师生刻苦自励、坚韧不拔的精神风貌，回校学习《给残疾人添温暖》一课时，外来角色——聋哑学校师生，在学生脑海里留下了深刻的印象，激起了情感的涟漪。

上课的当天下午，我们又举行了一次联合中队活动，请聋哑学校三位师生一起来参加这次中队主题会。同学们对三位代表亲切、热情、彬彬有礼的接待，体现出他们给残疾人增添温暖的意愿已扎下了根。

同学们自己排练节目，为残疾人演出，给聋哑学校的教师戴上鲜艳的红领巾，还赠送文具等礼品给聋哑学校学生，深化了《给残疾人添温暖》一课的教学。

聋哑学校的学生代表用哑语手势和神态来表示他们对同学们的感谢之意，聋哑学校的老师当即作了转述，说："你们待我们真好，我们心里真高兴。我们感谢亲爱的祖国立法保护残疾人的合法权益，我们一定会好好学习，努力上进，为建设社会主义祖国尽一份力。"

聋哑学校的三位师生代表，一齐向大家深深地鞠躬，这时，会场上爆发出热烈的掌声。这一情境的创设以及外来角色进入后所激起的情感，将给学生留下深刻的印象。正如一位同学在周记里所写的那样："永远不能忘记，要想方设法给残疾人增添温暖，这是每一名好学生应该做的事。"之后，他的实际行动证实了他的确做到了这一点。

根据思想品德各种类型的课文，我们可以设计出许多与课文有关的各种情境，或师生进入角色，或运用外来的角色，以角色体验激发学生的情感，不断提高思想品德课的教学质量。

3. 树立典型，以榜样激情

在思想品德课课文中，历史上的伟大人物和社会上的先进模范人物，是学生学习的榜样。

根据儿童品德的形成规律和模仿性强的特点，通过课堂教学，引导学生学习榜样，不断上进，这对少年儿童的成长具有很大的作用。我们在上这一类课文时，要以榜样人物的高尚品质来激发少年儿童崇敬榜样人物的情感，学习榜样人物的心中有他人，心中有集体，心中有祖国的崇高思想感情和良好的品德行为。

如何在思想品德课上做到树立典型，以榜样激情？我曾和青年教师一起进行了认真的探讨。我们认为，执教老师本身必须具有敬重和热爱英雄模范人物的感情，必须了解少年儿童的思想实际。这是精心备课必不可少的条件。

备课时既要备教材，也要备学生。对教材，一定要反复钻研，并要查阅参考资料，了解榜样人物所处的时代背景和成长经历，认真分析榜样人物的思想活动过程和他们所具有的高尚思想境界和品德行为。在广征博引的前提下，还必须充分了解少年儿童的思想动态，要明确学习榜样人物，应该着重解决哪些问题。经反复推敲后，才能把教案定下来。上课时，教师要使自己的情感投入，进入角色，力求能确切地表达榜样人物的思想感情和品德行为。

例如在上《小英雄王朴》一课前，我们已经了解，多数小朋友对日本帝国主义曾在我国犯下的滔天罪行一无所知，或是知之甚少。他们知道的是亲友中有人千方百计到日本去打工，说日本的经济如何繁荣，生活如何舒适，为了赚钱，愿意在日本老板手下干活；有的小朋友还知道，他们亲友中的有些姑娘很盼望能嫁给日本人，嫁了“老外”，全家还真高兴呢。

在小朋友们这种思想状况下，要在他们心目中树立抗日英雄典型，是需要花大力气的。我们的设想是从简介近百年来日本侵略我国的历史着手，把课文内容逐步铺开。通过生动形象的教学手段，使小朋友知道日本侵略者在抗日战争时期施加于中国人民头上的残暴行径；知道小英雄王朴是在怎样艰难的环境下长大的，他听党的话，热爱祖国；他是怎样冒着生命危险，去站岗放哨、给八路军传送情报的，遭到日本鬼子逮捕后，他又是怎样跟敌人作斗争的；他宁死不屈、英勇就义的爱国主义精神，将永远留在我们心间。

执教老师在叙述王朴心理活动时，突出王朴年龄虽小，热爱祖国的心却坚定不移；年龄虽小，却能做到爱憎分明。在认知的基础上，激发起小朋友崇敬抗日小英雄、热爱祖国的情感，懂得了憎恨日本帝国主义的原因。

课堂教学进入高潮时，学生情绪十分激动，有一位小朋友倏地站起来，气愤地说："以后我在路上、在商店里看到日本人，就向他们吐口水。"这位小朋友的情感是激起来了，但他看问题有点过激，把现在来中国的日本客人统统作为日本鬼子来看待，这要进一步加以引导。这时，执教老师着重介绍了小英雄王朴爱憎分明的好思想、好品德，引导小朋友要区别朋友与敌人，对外国人既要讲友好，又要有警惕性。在改革开放的年代里，还是可以像小英雄王朴那样，用自己的实际行动来热爱祖国，为祖国争光。

用这样的榜样引导学生，就更具有现实意义。

又如在上《反帝斗争的英勇战士——顾正红》一课时，执教老师在开始时也是从简明扼要地介绍时代背景着手，叙述了上海人民反帝斗争的光辉历史，然后逐步地将上海这座英雄城市的英雄群体形象集中到我们要树立的榜样人物顾正红烈士身上来。

我们将课本中的一幅插图放大，着上颜色，由执教老师把图画挂在黑板上，启发学生仔细观察图上的斗争场面，观察图画中顾正红烈士的面部表情和他的姿态，他威武不屈，正在怒斥敌人。启发学生边看边思考：当时，顾正红烈士心里在想些什么？说些什么？教室里寂静无声，气氛凝重严肃。

经过教师的启发引导，学生的仔细观察和沉静思索，学生被烈士崇高的革命精神所感动。他们钦佩烈士的大无畏精神，痛恨敌人的残暴、凶狠。从下面学生的发言中，可以见到以榜样激情的积极作用。

"顾正红烈士面对凶恶的敌人，面不改色，毫不畏惧！"

"因他代表着工人大众的利益，所以才能毫不畏惧，勇敢地走在斗争的最前列。"

"他一定知道自己的处境很危险，甚至会牺牲。他在想，一个人倒下去，千万个人会站起来，直到取得最后胜利！"

"顾正红烈士看到工人被殴打得头破血流，他愤怒极了，他号召工友们团结起来救中国！"

“在他的英勇行为鼓励下，工友们更勇敢地跟敌人作斗争。顾正红烈士心里很高兴，他的斗志更坚定了。”

接着，执教老师以悲愤的语气叙述了顾正红烈士牺牲的情景，全班同学全神贯注，神情肃穆。由于教师自身的投入，情感继续在迁移，强烈地感染着学生。教师的话语在沉痛中暂停，侧转身对着画面深思，这时，录音机响起了充满战斗豪情的歌声，同学们的情感泛起了波澜，歌声停止后，学生们又纷纷举手，争着发言：

“我心里很难受，多么好的英雄，倒在血泊中了。”

“我心里也难受，但是，光难受没有用，要向烈士学习，不能让烈士的鲜血白流。”

“想想革命前辈用他们的鲜血和生命换来了我们今天的幸福生活，我们要珍惜，要努力，再也不能让帝国主义来欺侮我们了。”

“顾正红烈士牺牲了，但他那伟大的精神会永远鼓舞我们前进!”

“我会记住敬爱的烈士的，以他为榜样，热爱祖国，勇敢地跟敌人作斗争!”

以英雄人物的激情，引导学生去体验英雄的思想感情，再导之以行，定能取得良好的教学效果。榜样的力量是无穷的，我们要重视这一力量的作用。

我们在以课文中的英雄模范人物的光辉业绩激发学生情感的同时，还要善于发现和运用周围的先进榜样来激发。社会现实生活中各条战线的先进人物，教师、学生和学生家长中的好榜样，都可以根据教学要求，就地取材，向学生宣传他们的好思想、好作风。由于榜样人物就生活在我们身旁，眼睛看得见，耳朵听得到，他们的事迹更贴近学生的生活实际，所以激励性强，效仿也就更有信心了。

退休工人齐老爷爷，多年来，一手拿着小红旗，一手持着铁皮做成的喇叭，一直在北四川路底附近的十字路口义务指挥交通，还多次用车送病人去医院，大暑天免费给来往行人供应茶水。在这位老爷爷身上，闪烁着共产主义的思想光辉。

在进行《爱人民》这一单元的教学时，我带领小朋友去看望齐老爷爷，看他是怎样维持交通秩序的。我们还参观了齐老爷爷居住的地方，墙壁上挂满了奖状。

我在上课时，还请齐老爷爷来到班上，再一次跟小朋友见面。我请齐老爷爷在讲台旁坐下，然后当了齐老爷爷的面，向小朋友介绍了他的事迹。我说："齐老爷爷从小受了许多苦，没有吃，没有穿，更进不了学校。他盼呀，盼呀，终于盼到了解放，五星红旗在天安门城楼上升起，劳动人民翻身做了国家主人，齐老爷爷多高兴呀！"这时，齐老爷爷抑制不住内心的激动，潸然泪下，小朋友们受到感染，也都热泪盈眶。接着，我又生动、详实地介绍了齐老爷爷全心全意为人民服务的感人事迹。"齐老爷爷有自己的住房，条件不差，儿孙们对老人家也好，可是为维护交通秩序，他宁可顶风冒雨……"

齐老爷爷为人民服务的精神使小朋友们深为感动，他们接过了齐老爷爷赠送的小红旗和小喇叭，课后在走廊里也执行起维持秩序的值勤任务，而且非常认真。

在上《滴水穿石》一课时，我们请来了本班学生家长、雕刻家石伯伯。他给小朋友谈了自己是如何发奋立志，以滴水穿石的精神，脚踏实地地工作，来取得事业上成功的。听了他亲身的经历，看到他一张张奖状，一块块金光闪闪的奖章，学生们都很佩服，情绪也很激动，使课文中的事例更具有说服力。同学们对照榜样，各自找到了学习上的主攻方向，决心像石伯伯那样，通过坚持不懈的努力，去争取优良的学习成绩。

有一次，我与几位同志应邀参加和解放军战士座谈的电视现场直播。在解放军战士中，有一位战斗英雄，正好是虹口区第三中心小学的毕业生，他是读完中学后去参军的，他在谈了自己荣获战功的经过后，激动地走到我面前，郑重地将一枚军功奖章从自己的军服上取下来，举手敬礼，又郑重地把他的军功奖章佩在我胸前，以表达他对母校老师们的敬意。此情此景，我是永远不会忘记的。

在上《八十年代最可爱的人》一课时，我满怀豪情地叙说了最可爱的人的真实事迹，同学们都很感动。这时，我捧出这枚光荣的军功奖章，深情地向同学们讲述这枚军功奖章的来历。获得军功奖章的战士是我们的校友，见物如见人，使同学们对最可爱的人的情感显得更贴近、更亲切。同学们热爱解放军、学习解放军的激情进入了又一个高潮。录音机播放了歌曲《血染的风采》，在情景交融的氛围里，同学们对中国人民解放军用鲜血和生命保卫祖国安全和人民幸福生活的崇高爱国主义精神有了深一层的理解，很自然地产生了对80年代最可爱的人的热爱、钦佩和崇敬的情感。

4. 运用教具，以媒体激发

小学生缺少生活经验，抽象思维能力差，所以，对小学生进行思想品德教育时，不能像对待成人那样地给他们灌输抽象的概念，而是要根据小学生的特点，采用灵活多样、生动有趣的教学方法，其中也包括直观的、形象的教具的运用。让他们的视觉、听觉、味觉和触觉等感官因素得到充分发挥，使他们能在饶有兴趣的心理状态中接受教育。

现今的小学生接触社会信息的面较广，经常受到现代化宣传媒体的影响。如果思想品德课不在直观、形象的教具上多下点功夫，就会失去吸引力。

低年级思想品德课课文《小乐队听指挥》的教学目的，主要是向小学生进行遵守集体纪律的教育。一上课，我请全班小朋友听一首大家熟悉的儿童歌曲。启动录音机，合唱歌声中多次出现一两个人唱得不整齐、不合调的声音，偶尔还杂有谈笑、喊叫声。这一段音带是我在课前有意组织录制的。全班小朋友听着，有的皱眉头，有的摇头，有的把小手按住双耳，表示心烦，不要听。于是我请小朋友听同一首歌曲的另一遍录音，歌声整齐，节奏明快，毫无嘈杂声音。孩子们听得很出神，边听边按节奏拍起手来，有的还轻声跟着唱起来。

歌声停了，我问大家："老师刚才放了一首大家熟悉的歌曲给你们听，先后放了两次，不知道小朋友喜欢听第一次播放的还是第二次播放的？"

小朋友纷纷表示愿意听第二次播放的，还说出喜欢的道理。他们还说，第一次播放的歌声太难听了，唱得不整齐，还有说话的声音。

录音已激起了孩子爱听美好歌曲和厌烦乱糟糟歌声的情感。我接着问："谁能说说为什么第二次播放的歌声这般动听？第一次播放的歌声这样难听，这是什么原因？"

小朋友们对这一问题的认识很快就统一起来，说道："参加第二次合唱的小队员们能服从指挥，遵守纪律，参加第一次合唱的小队员中有人不听从指挥，自说自话，自由散漫。"结论是：集体中有人不守纪律会给集体带来损害，所以我们大家都要守纪律。

两次唱歌录音先后放了几分钟，而效果却胜过教师泛泛而谈的空洞道理。小朋友们可以由此受到教育，明白在集体中有没有纪律大不一样，从而激发了认真守纪的愿望。

在《健康的兴趣爱好》一课教学中，教师拉开了遮在磁性黑板上的幕布，出现了一幅巨大的《兴趣王国》彩色图画，图上画的是一幢美丽的楼房，每一层楼都有几扇关闭着的窗户。教师一边讲兴趣小组怎样开展活动，一边逐个揭开窗户，里面都画着兴趣小组进行活动的图像。教师在引导同学看图时，还亲切地跟他们谈话，讨论同学们喜欢哪一种兴趣小组，是不是愿意参加？这使孩子既感到有趣，又很受启发，争着要报名参加，有的还提出建议，问老师是否可以开设某一项目的兴趣小组活动，课堂气氛十分活跃。

不用说同学们喜欢上这堂课，就是来参加听课的老师们也觉得这样的思想品德课上得好，上得生动活泼、有意义。通过彩色图画的形象化启示，使学生懂得了什么是健康的兴趣爱好，健康的兴趣爱好对自己的成长有什么益处，同时懂得了课外的哪些活动是健康而又适合自己兴趣的，表达了愿意积极参加的意向。

能够进行实验的教具是有助于激发情感的另一种教学手段。我在执教《本领要靠自己学》一课时，出示了 4 只粗大的弹簧，放在讲台上，先请一位同学说说这是什么东西，可以派哪些用场？然后让几个同学上讲台来，将弹簧压紧，看看能不能办到。

同学们兴致颇浓，静静地注视着上讲台压弹簧的同学。有三个同学用力压弹簧，可是压不到底，其中一个将要把弹簧压下去，突然把手一松，弹簧“砰”的一声跳了起来，功亏一篑；最后走上讲台的一位男同学，咬了咬牙，一下、两下，用足了力气，好，再坚持一下，终于把手下的弹簧压扁了。随即我让全班每一位同学都有机会上讲台来做这一小小的实验，有的是成功了，有的是半途而废。

然后，我请同学们自己做结论。同学们说：“压扁弹簧要用劲，要有勇气坚持下去，这样，弹簧才能被压扁；你一怕，一松手，它就弹得高高的。”这时，我顺着同学们的思路作了归纳，说：“困难像弹簧，你强它就弱，你弱它就强。学习中遇到的困难也是一样。学习任何真本领，都要刻苦认真，不怕困难。如果害怕困难，不能坚持到底，那么真本领就无法学到手。”

学生亲自参与实验，增强了感性认识，加深了认知的程度，在这一基础上再实施引导，就比较顺利了。

二、心灵塑造者的自我塑造

人民教师是培养祖国花朵的辛勤园丁，是人类灵魂工程师，肩负着培育革命事业接班人的重大责任。

全国人民代表大会于 1993 年 10 月颁布了《中华人民共和国教师法》，体现了国家对教育的重视和对教师的殷切期望。《教师法》第二章是教师的“权利和义务”。在义务部分列了 6 点，其中第 6 点明确指出：教师应当做到“不断提高思想政治觉悟和教育教学业务水平”，自己从多年从事思想品德教育实践中也体会到，教师要按祖国的要求去塑造青少年，就一定先要认真塑造自己，努力提高自身的思想政治和教育教学业务素养，即不断提高自身的修养。

（一）道德素养

有一位老师在集市买青菜，跟农民讨价还价后，终于买成了，这原来也无可非议，问题是临走时还从农民摊位上拣了一棵青菜放进自己菜篮子里，说是聊补不足。事情正好被一位学生家长看见，话就传开了，说：“老师怎么能如此小气？”另有一位老师因事跟邻居发生争执，讲话态度稍有冲动，邻居就挑刺说：“哼，亏你也算是人民教师！人民教师说话怎么可以这样粗声粗气？”

教师并非完人，也不能要求教师成为完人。我列举了上面两个例子，只是想说明一个问题；在大众心目中，对人民教师的要求是比较高的。学生更是这样，他们事事处处以教师为榜样，他们从教师那里学文化，学知识，也学老师的好思想、好作风和好品质，学做人的道理。为此，我们当教师的就必须在各方面以较高的标准来衡量自己，其中更要重视道德品质上的修养。

孔子说：“其身正，不令而行；其身不正，虽令不从。”于此可知，自古以来，为人师者的“身正”早已引起关注。教师的“身正”，涉及道德素养方面的诸多内容，其内涵和外延既广且深，我以切身的感受，仅从政治学习、关心时事、道德情操和严予律己等方面谈点体会。

1. 学习政治理论，树立正确的思想观点

根据小学生的年龄特点，教师并不需要向他们讲解深奥的政治理论，然而教师自己却必须认真学习政治，懂得“一个中心，两个基本点”和其他基本的政治观点、方针政策，只有这样，才能深入浅出地引导学生端正认识。

在一堂思想品德课上，教师谈到浦东新区的发展情况，较多地介绍了引进外资所取得的成果，列举了不少数据和事例，并以赞美的语气说道：“如今浦东新区里有一个保税区，摆满了美国、德国和日本等国家的商品，这些商品的生产技术先进，质量上乘，今后我们只要进入保税区，足不出国门，便能买到向往已久的高档外国货了。”

原来的教学设计是运用真实生动的事例来说明浦东新区改革开放的光辉前景，以激励小学生勤奋学习、奋发向上的精神，而由于教师过分突出了引进外资的重要作用，且在引进外资上又强调了“外国货好”，预定的教学目的就无法达到，反而使小朋友产生了“开放”就是“买进外国货”的糊涂观念。

在另外一堂思想品德课上，老师给学生进行爱国主义教育，在谈到祖国的伟大时，老师除列举了许多令人信服的事实外，又不无自豪地说：“小朋友们再想一想，我们祖国是世界上人口最多的国家，近年来已超过了11亿，世界上有哪个国家的人口能比得上我们多?”

这是教师满怀激情时脱口而说出来的话语，但老师却疏忽了以“人口众多”为荣是不符合计划生育的既定国策的。到底是“人口多好”还是“适当控制人口好”？当许多小朋友联想起自己是独生子女时，就会摸不着头脑。

像上面两堂思想品德课中所出现的问题，主要是因为教师对一些政策理解片面，顾此失彼，才导致教育教学工作中的失误，发人深思！

在另一些场合，孩子们也提出过各种各样涉及政策、观点的问题，有一次，我在思想品德课上讲社会治安情况，激起了小朋友对犯罪分子的憎恨。有一位小朋友愤慨地说：“既然犯罪分子危害人民，为什么还要把他们留在世界上？他们是坏人，为什么不把他们统统枪毙?”还曾有孩子问：“把整片土地批租给外国人，一批就是几十年，这跟租界有什么两样?”有的说：“买卖股票，算不算是在国家开办的赌场里赌博?”

学生们提出的这些问题，分别涉及法律常识、土地法规和经济政策，若是教师对有关政策比较了解，就可用恰当的例子、浅近的语言来进行解答，让学生能够初步了解一些政策界限。为此，我十分关心党和国家公布的法令、政策，并力求学懂、理解。有时对学生提出的问题我自己也一下子把握不住，答不上来，就对学生坦诚地说：“你把不明白的问题提出来，这很好，但是，你提出的问题我也不很清楚，我想用一点时间去查找资料，向懂行的同志请教，然后再和你一起商讨，好吗?”我亲身体验到，教师的这种实事求是的态度，是能够得到孩子们的尊重和理解的。若是我们不懂装懂，对学生提出的有关政治观点和方针政策的问题作出含糊不清的、本末倒置的回答，就会造成教育上的负面影响，其后果将是严重的。所以，教师不断提高政治思想觉悟，是搞好思想品德教育的必要前提，千万不能忽视!

2. 关心时事，了解社会信息

教师和学生都生活在充满各种信息的社会里。学生来自各个不同的家庭，一个家犹如一个小社会，其成员又来自不同的层次和部门，再加上亲戚、朋友和邻居的交往，多样化的社会信息就会在家庭中汇集、交流。信息变化大、数量多，内容庞杂，交替更换，极易印入小学生的脑际，而小学生年龄小，缺乏分析能力，对多种信息“照单全收”，就难免形成思想上的波浪起伏。社会信息对小学生的影响是不容低估的。

有几个小学高年级学生，随身带着简易电子计算器，经常在课余和节假日在父母开设的店堂、摊位上帮忙算账、收款，有的还学会了讨价还价，在他们心目中，赚钱是至关重要的，而学习则只能放在次要的位置上了。

有些小学高年级学生不仅知道股票行情，有的还拥有父母给予的一定数额的股票。大人在家里议论股票买卖，孩子也会发表一些意见。谈起“炒股票”，真还有点头头是道的样子。有个小学生曾劝我说：“老师年纪大了，出门乘车拥挤，不如在家做股票舒服。现在的股民，足不出户就可以将股票买进卖出，钞票太好赚哦，何必辛辛苦苦到学校来上班呢?”

有时同学们向我提出一些关于市场经济的消息，由于我对这方面缺少了解，就很难跟同学们对话，也难以就有关市场经济的问题给以思想上的疏导。

当教师的若是整天往返于家庭和学校的“两点一线”，埋头日常业务，对社会上的信息不闻不问，就无法得知学生在想些什么，因此也就无法去引导孩子们正确地理解所接触到的各种社会信息。

小学生们关心国内外时事，对科学技术和体育运动方面的报道甚感兴趣。在海湾战争时，小学生们非常关切先进武器，把电视里看到的“飞毛腿”导弹和“爱国者”导弹碰撞、爆炸的瞬间镜头描绘得有声有色。特别是男学生，对体育运动更是津津乐道。1992年巴塞罗那奥运会上，我国得金牌最多的选手是哪一位；辽宁女子中长跑队为什么叫“马家军”；意大利AC米兰队在昨天一场比赛中又踢进了几个球等等，都是男孩子们的热门话题。

当然，教师不可能对社会上所有的信息都了解，但尽可能多地关心国内外的大事，尽可能多地掌握一些可以传递给少年儿童的信息，还是做得到的，对教育学生是大有益处的。为此，我尽可能地多阅读一些书报、杂志，对《少年报》、《好儿童》、《儿童时代》等报纸、期刊更是时常浏览。此外，为及时掌握小学生的思想动态，凡是小学生爱看的课外读物、电影和电视，我也都尽可能地抽出时间，去阅读，去观赏。如近年来电视台播放的《黑猫警长》、《变形金刚》、《咪咪流浪记》、《奥特曼》和《北斗神拳》等动画片，我也饶有兴趣地一一观看，尽可能多地去了解孩子们观看后在想些什么，以求能够取得共同语言，有利于对小学生进行思想疏导。

及时掌握社会信息，并且有目的地将所知道的真实事例运用到课堂教学中去，还使思想品德课教学能从新的社会信息中不断得到充实。有一次，在教《自觉遵守纪律》一课之前，我看到了两则新闻报道。

一则报道写的是在一家工厂里，有三名青年工人在上班时抓到了一只壁虎，就玩了起来。他们把壁虎放进一只玻璃瓶里，然后将氧气喷嘴插入瓶口，启动开关，打算看壁虎怎样被活活烧死的情景。不料阀门一开，立刻引起了爆炸，不但他们自己严重受伤，还炸伤了另外几位工人师傅，造成了很大的损失。

另一则报道说的是在本市一个公园里，有一名小朋友不遵守观赏动物的有关规定，擅自爬上围墙，不慎跌进了蓄养着两只东北虎的围栏里，情况十分危急。后来经公园管理人员采取了紧急措施，好不容易才把孩子从虎口下抢救出来。

这两则真人真事若用作课堂教学举例，比教材上原有的例子更具有说服力。于是，我决定修改已经写好的教案，将这两则例子放进去。用真人真事来阐明必须自觉遵守纪律的道理，使小学生们懂得不守纪律的危害性，体察到自由散漫的行为会给自己、他人和集体造成不幸。由于这两则事例就发生在上课前的一两天，内容有根有据，贴近生活实际，所以，这堂课的教学效果特别好，学生深深感受到纪律在社会生活中的重要性，有了自觉守纪的愿望和决心。

在日常工作中，我重视有关思想品德教育的资料积累。我通读思想品德课教材，了解整册教材的教学要求，然后就注意把报刊上的有关资料剪辑下来。剪报大体分成爱国主义、为国争光；国内建设、国际形势；救死扶伤、助人为乐；自然科学、刻苦自学；自我保护、交通安全和幽默故事等六类，分别写明类别，装订成册，便于随时查阅。这样做，不仅可以提高思想品德课的教学质量，也可以丰富自身的思想认识，扩大眼界，形成进取心，使自己能紧紧跟上时代的步伐，也使思想品德教育更富有时代气息。

3. 有高尚的道德情操和良好的心理品质

少年儿童求知欲旺，可塑性大，善于模仿，易受感染。他们敬重老师，亲近老师，老师的一言一行、一举一动，都是他们学习的榜样。思想品德课教师直接肩负着培养、训练少年儿童品德行为的重任，因此，更需要具备高尚的道德情操和良好的心理品质，力争成为孩子们的楷模。

教师的情操应该是高尚的，对社会主义祖国充满了挚爱；勇于探索真理、捍卫真理；热烈追求新知识，掌握新的教育方法；赞赏并支持符合社会主义道德规范的人和事，憎恨并唾弃社会上不时冒出来的各种丑恶现象。教师的高尚情操和良好品质是一股巨大的精神力量，这一股精神力量的发挥，犹如春风化雨，润物无声，时时处处都在起着潜移默化的作用，有力地促进了孩子们的茁壮成长。

教书育人，是教师的崇高职责，为此，教师的高尚情操首先应该体现在对学生的热爱。教师对学生的爱，是教师在履行这一崇高职责的实践过程中产生的情操，这种情操植根于教师对祖国“四化”宏业的高度责任心，立足于教师对人民教育事业的赤胆忠诚。对学生的爱，可以成为我们教师取之不尽的力量源泉。有了这种无私奉献的爱心，教师才会勤于耕耘，勇于探索，才能在教育教学工作中取得显著成效，建设具有中国特色的社会主义需要人才。教师是人才的培养者，所以教师对学生的爱早已超越了个人关系、个人感情的狭小圈子，而是与祖国的前途密切联系在一起的。教师爱学生，是教师爱祖国、爱人民的具体体现。

我爱孩子，这是我发自内心的自觉要求，对身体上有疾症、学习上有困难、品德行为上有问题的孩子，我会给他们倾注更多的关心和爱护。

有一位小周同学，是家里的独子，患有严重的气管炎，家里对他生活上的照顾十分周到细致，难免有点娇生惯养的习气。他自己认为体质差，平时不肯参加体育锻炼，身体素质愈益孱弱，精神状态也不振作。

对小周同学的情况，我是看在眼里，急在心里，总不能让他长此下去啊！于是，我跟他谈心，给他讲英雄人物跟伤痛、疾病作斗争的故事，鼓励他振作起来，用实际行动来战胜病魔，并和他商定，每天清晨我陪他一起在校园里锻炼身体。

清晨在校园锻炼，对孩子来说并不困难，因为他的家就在学校旁边，可是，对我来说就不同了，从我家里步行到学校有一大段路程，而且我家里也有人需要我照顾，但为了学生，家里的事我就顾不上了。每天窗外还未亮透，我就急匆匆赶去学校，陪小周一起锻炼身体。我俩先是绕着跑道慢步走，边走边聊天，在谈话中逐渐加快步伐，最后进入慢跑状态。

开头几天，小周一再叫嚷“吃不消”，我就一再鼓励他要坚持下去，要有信心。有一次我对他说：“我的年纪比你大多了，可是我还能慢步跑路，那么你一定能比我跑得更快，是吗?”他听了连忙点点头，又举步慢跑起来。

每次锻炼完毕，我常陪送他回家，有时他的家长已经去上班或去买菜，我就端来热水，帮他擦去身上的汗水换上干净衬衣。等我回到学校，班上同学已络绎来到教室，我常是忙得顾不上好好吃早饭，就开始了新的一天的工作。

我倾注在他身上的一片爱心和热切的期望终于感动了他，以后不久，他就表示可以自己一个人按时锻炼身体，他的身体也就慢慢好起来了。一年多时间里，气管炎也没有再发过，家长高兴的心情就不用多说了。

我给孩子的爱换来了孩子的健康和进步，虽然我辛苦一点，但我是甘之如饴的，我愿意为孩子的成长作出更多的爱的奉献！

教师爱学生，学生也会爱教师，而学生对教师的爱，又会进一步激励教师去更加努力地塑造自己的心灵。对此，我是深有体会的。

在80年代初的一个冬日里，我在医院接受割除耳内肿瘤的手术。有一天下午，当我从沉睡中苏醒过来时，同室的一位病友告诉我：一位解放军战士曾来到我床边，见我正在入睡，怕吵醒我，就端坐在床边的一张椅子上，静静地等候着，还不时看看手表。他深情地注视着我，默不出声。他足足等了半个多小时，见我仍旧睡着，才留下一张字条，放在我的床头柜上，然后他提起军用背包，跟我的病友轻声告别，悄悄地走了。

我用微微颤抖的双手拿起这位战士给我留下的字条，只见上面写道：

“毛老师，您太辛苦了，太劳累了，我不忍心打扰您的梦境。今天能够看到您慈祥的面容，我已心满意足。我将带着您对学生的信任和期望，带着您对下一代深厚的爱，走上烽火连天的战场，献身祖国，献身人民……”

我一遍又一遍地阅读着他的留条，心中的感受难以用言词来表述。脑海里映现出他在学校时的许多情景，啊，时间过得真快，现在他已成为一名光荣的解放军战士！他对我的爱鼓励我勇敢地去克服病痛，争取早日回到孩子们中间。

又是一个傍晚时分，医院管门卫工作的一位阿姨匆匆走进病室，告诉我说：“毛老师，探望病人的截止时间快到了，可是门口还有一二十位小朋友在排队等候，要上来看望您。他们都很着急，说只要能见一见您就可以了。看他们的模样既可爱又令人同情。若是按规定让他们两个、两个拿着探视病人的牌子轮流来吧，时间实在来不及，所以我征得领导同意，破例让小朋友们集体排队上楼进病房看您，但要求他们不在病室逗留，不许喧哗，您看行吗？”

我点点头表示感谢，门卫阿姨随即离开，去带领孩子们上楼。这时，同病室那位女病友开玩笑地说：“好，小孩子们居然排了队来看病人，真是前所未闻，我们有好戏看了。”

这时，房门一开，孩子们一个挨一个有秩序地、默默地走进来了。瞧见我头部缠着白色纱布，脸面只露出眼睛、鼻子和嘴，孩子们都有点惊奇。他们依次走过床边，有的给我行队礼，有的对我一鞠躬；有的在我枕边放上苹果、生梨、画片、小花朵和慰问信。这场景真有点像“瞻仰遗容”。看着孩子们忧虑和关切的神态，我感动得热泪盈眶。因为耳根、腭部肿痛，我一时不能说话，只得稍稍抬起双手表示谢意。这时，一位女同学轻声地问了一声：“毛老师，您，您怎么啦?”话未说完，就情不自禁地哭出声来，她这一哭触发了们原来憋在心头的担忧情绪，大家都哭了起来，真是难以收拾。哭声从室内传到室外，回响在走廊里，惊动了值班的医生、护士和邻室的病友，他们都赶来看个究竟，还以为出了什么大事。

经过大家的劝慰，孩子们一个个离开了病室，病室又恢复了平静。忽然，室内又传来了隐隐的呜咽声，原来是方才开玩笑说“有好戏看”的那位女病友正坐在自己床沿上低声哭泣。她边抹泪，边说道：“毛老师，您真有福气，病了，有这么多孩子来看望您，我呢，有儿有女，可是……”

“我的确是非常、非常幸福的。”听了她的话语，我默默地在想着，“因为，我有这么多孩子在爱着我!”

我爱孩子，孩子也爱我。当孩子们领悟到教师对他们的挚诚爱心时，他们也会以同样的挚诚来敬爱教师，他们对教师的爱有时甚至会超过教师给予他们的爱。

孩子们会把对人民、对学校、对班级集体的爱和对教师的爱融合在一起，从内心唤起他们勤奋向上，长大为祖国的“四化”建设做贡献的美好愿望。

教师良好的心理品质体现在坚韧、克制、沉着、果断、真诚和敏感等方面，这里以教师的宽厚为例，谈一些体会。

我对班上一位任性自负的大年龄女孩子的不良行为进行了多次帮助。谁知换来的却是她的怨恨和她在背后对我的谩骂。当她得知已有同学将这一情况告诉了我，又害怕受到处分。我的心情也不平静，但我不记恨，我反复思考着她为什么会跟我闹对立，怎样才能使她认识错误了伤了教师的感情，可教师决不能“以牙还牙”去伤孩子的自尊心。我要用宽恕来拨动孩子的心弦。

我又一次找她谈心，恳切地帮她分析，让她知道自己做错了什么事，错在哪里，最后说："你骂我，这是不礼貌的，但我不会因此而处分你，只是对你的错误感到担忧，为你惋惜，也深深地感到自己没有尽到责任。相信你会以实际行动来去除缺点，会成为一个好孩子。"当时她一声不吭，离去时正在下雨，我追上去将雨伞递给她，只见她脸颊上淌满了水珠。一时也分不清是雨水还是泪珠。

欧文有一句名言："宽宏精神是一切事物中最伟大的！"教师的宽厚心理品质来自胸怀豁达，能容纳孩子的不同见解和感情，对孩子们对我们的误解决不耿耿于怀，而是以真诚的言行去感染他们，这样，会取得良好的教育效果。

4. 严于律己，言传身教

每一个人都有缺点和弱点，教师也是这样。在教育实践过程中，我们的缺点和弱点也时常会暴露出来，问题是我们应该怎样来从严要求自己，使出现在自己思想上、性格上的缺点和弱点能够尽量减少或去除。古人尚且提出"吾日三省吾身"，更何况我们是肩负培育人才重任、为人师表的人民教师呢！为了发挥表率作用，我们必须严于律己，做到勇于解剖自己，善于控制自己。

怎样才能做到严于律己呢？

首先，凡是要求学生做到的行为规范，教师应该以身作则，率先去执行，从大处着眼，小处着手，从严要求自己，容不得半点疏忽。

举例来说，不管是烈日当空还是朔风凛冽，晨间升旗时，我总是站立在学生队伍近旁，神情严肃，双手紧贴裤缝，挺胸立正，恭恭敬敬地向冉冉上升的国旗行注目礼。有些孩子夏天怕热，冬天畏寒，升旗时往往不能集中注意力，站立姿势也较随便。但当他们见到我的时候，他们就会立即端正姿势，向国旗行队礼。

早晨第一次遇见学生，我常主动先招呼学生，说早问好，从来不摆架子。当同学们向我行礼问好时，我也总是热情答礼。有时同学向我问好时，正值我跟别人说话，那时我只能微微颔首致意，过后我常去找同学，亲切地打招呼说："对不起，方才我正有事，没能向你答礼问好，不知你有什么事要找我谈吗？请说吧。"由于我严格要求自己，注重礼貌，所以，班上学生也逐步形成了讲礼貌的好风气。

在劳动方面我也做到认真对待。一早到学校，只要是我第一个走进办公室，不管当天是否轮到我做办公室的清洁值日，我总是打开门窗，做好办公室内的清扫、揩抹工作，清扫完毕，我就立即转身到教室去，和同学们谈谈说说，参与打扫教室。同学们看见我这样关心集体，热爱劳动，大家也都争着为集体多做好事。学生家长们知道了，也都纷纷来为班级做好事，有的帮助布置教室，有的为班级整修用具，大家都愿意为班级做点有益的事情。

从严要求自己，做到大事不含糊，小事不放松，一切从我做起，注意随时随地发挥教师言传身教的作用，这是我对自己提出的处事准则。

其次，说话要守信用，向学生承诺的事一定要做到。

对学生提出的要求，我从不轻易承诺，有些要求为什么我不能答允，要将道理解说清楚，而不是简单地答复“不行”。凡是我已经同意了的事，那我就一定要克服困难，想方设法去完成，所以同学们常说：“毛老师是讲信用的，她答应办的事，我们放心！”

有一天我很忙，很累，身体甚差，课间外出就诊，医生说我心脏病复发，血压偏高，嘱我立即卧床休息。我下午还有课，临时告假会给学生带来损失，所以我就坚持留在学校。

放学了，我真想马上回家休息，可是我上周与居委会联系好，要在今天下午4点钟带同学们到里弄演出，宣传清洁卫生，需我带手风琴前去伴奏。我已答应了，怎么能不去呢，教师可不能在孩子们面前失信啊！

当时我已感到手臂麻木，舌根有点僵硬，跨步也颇为困难，可是为了践约，我鼓起了勇气，背上了手风琴，急匆匆地赶到居民委员会。果然，居委会干部和里弄读报小组的居民们都在翘首等候着我们。待我们赶到，大家都鼓起掌来，有的还说：“对吗，我早知道毛老师一定会准时来的，毛老师答允了的事，决不会落空！”

大家对我的热切期盼和高度信任，使我激动不已。我拉起手风琴，队员们开始唱歌、跳舞，宣传取得了热烈的反应。我记不清麻木的手臂是怎样在拉动手风琴的，我只记得因为舌根僵硬，我不能用话语来指挥，说：“预备，起，唱！”我是用眼神和手指来示意的，而队员们却能心领神会，顺利演唱，未出丝毫差错。

承诺就是承诺，答应别人的事。尤其是答应了孩子的事，即使遇上再大的困难、阻挡，我也从不退缩。教师讲信用，也是教师严于律己的具体体现，不容忽视。

第三，从严控制无益于教育、教学工作的个人消极情绪，一切为了孩子的健康成长。我认为这也是严于律己的重要方面。

教师和普通人一样，有血有肉，遭遇有顺有逆，也难免有悲哀、愤怒、忧愁和烦恼的时候，但作为一名教师，我无权将消极的情绪带进教室，更不能把自己的气恼发泄在学生身上，把学生当作“出气筒”。

记得有一次学校安排我上一堂思想品德公开课，外校有一百多位老师来听课。预备铃响了，正当我准备全力以赴来上好这堂课时，忽然本校有一位领导同志走到讲桌前，问我道：“你的课上午已经上过了，怎么下午又来上？”言下之意，这堂研究课已经上过了。其实上午那堂课是预演。说话的声音虽不算太响，但毫无疑问已被一部分师生听见了，他们都以惊讶的目光注视着我。

这位学校领导并未参与思想品德课的研讨，对我平时的教育、教学态度和方法可能还存有不少偏见。学校领导的这一突然发问，而且是当着众人的面，使我非常难堪，我当时的气愤心态是很难用言语来形容的。可是当我瞥见孩子们一张张天真无邪的、充满信任和期望的小脸时，我立即冷静下来了。不，我决不让孩子因为我所受的委屈而遭到损害。

我竭力控制住自己的气愤情绪，转身到墙边三角形橱里取出三张图画，又从讲桌里拿出这堂新课所要用的幻灯片和挂图，表示上、下午是两堂不同内容的课，这位领导才似有所悟地离开了讲台。

事情发生的前前后后仅不过两三分钟，但是对我来说，却显得漫长。这位领导的处事态度无疑是对我的不信任、不尊重，心里的一股火气犹如火山那样，可以一触即发。这时，上课铃响了，“起立，敬礼”的口令声响了，我两眼凝视着孩子们，默默地提醒自己：“千万千万不要让我自身的愤怒情绪去影响学生，我是一个教师，我无权将气恼发泄在学生身上，为了上好这一堂思想品德课，我一定要克制，要用积极的情绪来进行教学。”随着一声：“同学们好！请坐下。”我终于恢复了镇静，心境也豁然开朗。在同学们的合作下，这堂研究课上得很顺利，超出了预期的效果。

课后，当我回到办公室独自静坐的时候，回想方才遭误解、受委屈的情景，才禁不住低下头来长叹一声。庆幸的是同学们并未因此而受到任何损害。教师从严控制无益于教育教学工作的个人情绪，这也是教师应该履行的职责啊！

第四，勇于承担责任，不诿过于人。退休前后的几年里，学校交给我的主要任务是培养青年教师。在工作过程中，我始终坚持做到严格要求自己，虚心听取青年教师的意见，以一丝不苟的精神去帮助他们，影响他们，并且特别要注意鼓励、保护他们的创新意识和进取精神。在执行教育教学任务中出现了什么问题，我首先从自己身上找原因，从不推卸责任，诿过于人，而是从严检查自己在带教过程中的不足之处，然后再跟青年教师一起商量解决问题的办法。

举例来说，一位女青年教师要上一堂思想品德观摩课，她备课认真，翻阅资料，征询意见，终于写好了教案，我阅后也认为这堂思想品德课的教学设计不差，质量较高。

可是实践告诉我们，这堂思想品德课的效果并不理想。内容多，时间不够，配备的教具也不能很好地说明问题。关键还在于课前对学生的思想状态了解不足，所举例子较深，学生反应不太懂。在教学评议时，对这堂思想品德课的评价就不高，有些意见还提得比较尖锐，使这位女青年教师听了颇有点泄气。于是，我以从严要求自己的精神，分析了我在帮助青年教师备这堂思想品德课的过程中，对学生的思想实际了解不透彻，凭的是我过去的老经验、老框框，所以在最后确定教学设计时没能提出中肯的意见。这堂思想品德课没能上好，其责任在我。因我的这一番自我评说，使这位青年教师的情绪从低沉中摆脱，她也对自己的备课、上课进行了认真的分析评估。最后我们相互勉励，决心今后把思想品德课上好，上出新的水平。

我尊重青年教师，爱护青年教师，看到他们的成长，我打心底里感到高兴。我和青年教师之间不存在什么“代沟”，我们相互间能够真正做到相互尊重、相互信任，我们的关系是十分融洽的。

（二）情感素养

在教师应该具备的品质中，“忠”与“爱”是最根本的，即忠于人民的教育事业，热爱我们的学生。“忠”与“爱”也往往可以通过教师对学生的情感来进行验证。

教师应该具备怎样的情感素养才能有利于做好学生的思想品德教育工作呢？我想从下面三个方面来谈谈自己的认识。

1. 要以真挚的情感去关怀学生

人的思维、想象和记忆等各种心理活动，无不受情感的制约。小学生的内心世界蕴藏着无穷的积极因素，一旦被教师挚爱之情所激发，就能引起理性的反应，迸发出绚丽的火花。

小学生对老师怀有敬仰和依恋的心情，教师对学生的热情关怀，会使儿童感到欢乐，受到鼓舞。教师深情地对孩子看一眼，信任地一点头，爱抚地拉拉手、拍拍肩，或是默示满意，微微一笑，在孩子眼里，都是教师挚爱情感的表露，是对自己的安慰和鼓励。他们会因此对自己品德行为方面提出更自觉的要求，也会因此学习得更认真，锻炼得更积极。

反之，教师的冷漠无情，会使学生的情绪和意识产生障碍，甚至形成师生对立。这必然增加了教育、教学工作中的难度。

有一个毕业班，曾经发生这样一件事。时间已经临近大考，几个男生在操场上踢足球，班主任见后很着急，怕他们影响复习，所以多次下了禁令：“以后谁还要在这个时候踢足球，我就要不客气了。”

可是几个男同学还是在放学后偷偷摸摸地去操场上踢足球。班主任见说服教育不起作用，十分生气。有一天，他板着脸，把足球没收了，并在放学后把学生留在教室里，硬性规定他们一起做功课。

可惜的是事与愿违，爱踢足球的男同学们不仅无心学习，反而在暗中商量对付班主任的办法。看见班主任走过来，他们就聚在周围，用脚踢石块，踢得一颗颗小石子飞起来，以此表示对老师的无声抗议。而组织这次“抗议”活动的却是一个平时不声不响、品学兼优的好学生。

这位男同学把这事情的经过告诉了我，还说：“班主任要我们好好复习，这当然是对的，可是他不理解我们，认为我们踢了足球就不想看书复习了。你没有看见班主任没收足球时的那一副冷酷的样子，我们就是不服气！”

当了解学生的真实思想后，这位班主任被震动了，万万没想到同学们会认为他“冷酷无情”。这位班主任是一位责任心很强，工作十分努力的青年教师，平时关心学生，态度一向是诚恳豪爽的，所以听了我的转告后，他马上找孩子们谈心，承认没收足球的做法是不恰当的，伤了同学们的自尊心，同时，真诚地把足球奉还学生。

班主任的自责，为学生学业成绩操心的真挚情感以及对同学们的热诚希望，也感动了学生。我，作为班上的一个任课教师，也深为这位班主任以诚待人的思想和行为所感动，受到了教育。

师生隔阂消除了，同学们懂得了他们的“抗议”行动是不对的，表示一定不辜负班主任老师的期望，要合理安排好课余的体育活动和复习时间。

这位班主任后来感慨地说：“看来简单的训斥和惩罚，只会使学生紧闭心灵的大门，只有用真挚的情感，根据学生的心理特点去做细致的思想工作，以情感人，学生的心灵才能向我们教师敞开。”

在教育过程中，教师讲述的道理，传授的知识，提出的要求，要能转化为学生的自觉行动，必须要有感情的过滤和催化。当教师诚恳、主动地去接近学生，以诚相待，师生之间才会产生情感交流，而这样的师生情感交流，其前提是教师对学生具有真挚的情感。当学生意识到教师是真心实意地在爱护他，为他操心劳神，他们对教师提出的希望和要求也会产生肯定的反应，必然会自觉、愉快地接受教育，从而产生情感上的共鸣，做到情通理达，使教育取得可喜的效果。

2. 有持之以恒的满腔热情

我不认为教育是万能的，但我坚信少年儿童的可塑性。我曾经遇到教育起来比较困难的孩子，只要还有一丝希望，我总是满怀信心、满腔热情地去关心他们，帮助他们，从不嫌弃，直至把他们转变过来。我也经历过许多挫折，然而我从不灰心退缩。

小王同学的行为十分奇特，同学们正在全神贯注听老师讲课，他却会突然离开座位，在教室里随便走动；同学们正在认真做作业，他却会莫名其妙地去咬人；当严肃地跟他谈话时，他又会出其不意地抱住我，双手乱摸，咬住我脸颊来吻。他思维混乱，语无伦次，举止怪诞，情感反常。我密切注意他的举动，捕捉他神态上的细微变化，作了详细记录。我造访了他曾经呆过的托儿所和幼儿园，了解他在那里的成长过程；还了解了他母亲怀孕时的健康状况和服用的药方，小王完全不同于一般的孩子，家长又以为孩子可爱聪明，溺爱放纵。

我建议家长带小王去医院检查，却遭到家长的断然拒绝。他们认为孩子一切正常，甚至把小王平时的疑神疑鬼，对别人的故意作弄都说成是“脑子灵活”。碰了壁，我并不失望，而是耐心地继续跟家长交换意见，反复谈孩子的不正常表现、他的前途和父母的责任，还几次跟家长委员会的各位成员商量，分工合作。有的跟小王的妈妈谈心，有的去熟悉的医院联系。经过大家的一番努力，终于得到小王父母的同意，约定日期，由我陪同小王和他的家长一起去医院求诊。

医生详细询问了小王的成长过程，对小王进行了全面检查，最后明确诊断小王患的是精神分裂症，目前的症状尚属于早期，必须及时治疗。这一诊断意见使小王的父母感到震惊和焦虑，我内心也十分难受。小王今后怎么办？他还能不能参加正常的学习生活？他也是祖国的花朵，关心他，帮助他，是我应尽的责任。爱孩子就是爱祖国，为祖国多培养一个人才，也就是对祖国作了一份贡献。于是，我问医生：“为使孩子早日恢复健康，我当教师的应该为他做些什么？”医生说：“最好的医治方法是在药物治疗的基础上进行心理治疗，治得及时，孩子的病是能够医好的。”

治疗的过程是漫长的，也是曲折的。在一段时间里，我几乎天天到孩子家里，既要消除家长的疑虑，又要鼓励小王按时饮服中药。他怕药味苦，我就给他讲故事、说笑话，待他将药服完，再跟他谈谈心，稳定他的情绪。

小王的病情颇多反复，他有时沉默寡言，有时大吵大闹，真是难以捉摸。我不是医生，教学又不同于医学，但我坚信，凭着我对孩子的一颗爱心，在家长、医生的协同努力下，我们一定可以找到通向治好小王疾病的途径。所以，我阅读了许多有关精神分裂症的资料，还多次向有经验的医生请教，想方设法，在小王的心理治疗方面勤下工夫。

在小王的情绪较为安定时，我就跟他谈心，讲祖国对每个孩子的期望，运用亲切的话语来滋润他的心田。往往在平静几天后，他会再来一次发作，大叫大闹，无法控制自己。有一次我上前劝阻，手臂还被他咬了两口，留下了紫色的牙印。对此，我没有丝毫怨言，我对小王的希望从未减弱。令人稍感宽慰的是他发作的间歇时间有所延长。

医生的精心治疗，家长的密切配合，功夫不负有心人，小王原先浑浊的双眸逐渐变得清彻透明，发作的次数也越来越少了。为了进一步巩固小王的治疗效果，需要更好地为他创设良好的生活和学习环境。我发动任课老师和班集体都来关心他、帮助他。当我得知由于小王疑神疑鬼所以跟邻居关系紧张时，我又跟小王家的邻居做疏通工作，求得邻居们的谅解和协助，使小王在校内、校外、家庭和里弄，时时处处都能得到友爱和温暖。在和谐安详的氛围里，他粗暴多动的举止逐渐变得温和平静了。春风化雨，润物无声，在不到两年的时间里，小王这朵险些凋落的花朵，终于重新显露了勃勃生机。

当小王初中毕业时，曾给我寄来一封感人至深的书信，其中有一段是这样写的："在我的成长与进步中，浸透了您多少辛勤的汗水呀！我一定不辜负您的期望，做个对祖国有用的人。敬爱的老师，等待着我的喜讯吧！"看到小王的变化，回想他曲曲折折的成长历程，我心头似涌起了一股暖流，我感到宽慰，我沉浸在幸福的体验之中！

通过小王的事例，我更深切地懂得了教师对学生的爱，应该做到超越个人情感的狭小圈子，教师对学生的爱是与整个社会联系起来的。一个孩子的成长多么需要教师、家长、学校和全社会的共同关心和帮助啊！这里需要的是大家的满腔热情，特别是对孩子持之以恒的满腔热情，用它去滋润孩子的心田，才能让禾苗得以茁壮成长。以后，我在转化孩子的教育过程中，又多次遇到困难和挫折，但在对待孩子的感情上，我从不泄气，坚定不移地对他们倾注自己全部的心血，永远对他们充满了期待和希望！

3. 愿意成为孩子的知心朋友

小学教师生活在一种充满童稚和天真的氛围里，所以我们自身也要尽力塑造童心，使自己在工作中能适应这一特定的氛围。终日老气横秋、面孔铁板、以"大人之心"度"儿童之腹"的小学教师，让孩子们望而生畏，敬而远之，是无法在这一特定氛围中被孩子接纳、受孩子欢迎的，当然也就更谈不上成为孩子的知心朋友了。

要自我塑造童心，先要放下教师的架子，以平等的姿态看待师生关系。有了愿与孩子交朋友，愿意成为孩子知心朋友的真挚情感，我们才能接近孩子，了解孩子，才能适应工作的需要。

若教师已成为孩子的知心朋友，孩子会毫无保留地向我们敞开心扉。当他们碰到困难而又无法解决的时候，当他们遇上烦恼，在心理失衡、手足无措的当口，孩子会跟老师说悄悄话，并以信赖的目光注视着老师，相信一定能从老师那里得到帮助。一旦老师和孩子成了忘年之交，成了知心的同伴，老师就能深入地了解孩子的内心世界，锻造出一把把金钥匙，去开启一扇扇孩子心灵的窗户。

能不能和孩子成为知心朋友？其中的甜、酸、苦、辣味儿我都曾尝过。记得有一年我刚接上一个差班，对孩子们还缺少情感上的交融。为了一名男同学不守纪律的事，我进行了家庭访问，结果孩子挨了父亲的一顿打，从此见到我也不理睬。事后我多次找他谈心，他总是低头不语。我为他挨打表示遗憾，他画了一张“猫捉老鼠”图给我。猫像我一样戴着眼镜，画上写了几个字：“猫哭老鼠，不安好心。”另外，有个患小儿麻痹症的小女孩，我曾几次三番气喘吁吁地背她上楼梯，我原以为她能理解我的苦心，谁知她却在背后嘀咕：“谁要你背？一点也不舒服。”

为此，我曾有过不眠之夜，我曾深深地陷入苦思。之后，经过日积月累的实践，我终于探索到了一个道理，要转变孩子，先要得到孩子的理解和信任。在日常的学习、工作和生活中，我是一个成年人，我应以成年人的态度来待人处事。但是在跟孩子交往中，我必须认真转变自己，使自己也具有一颗孩子般的心，事事处处要设身处地为孩子想一想，要跟孩子们交朋友，成为他们的知心人。

一天下午，老师们和我正在一起讨论备课，办公室门口突然来了一位男孩子，他大眼睛、卷头发，说起话来有点口吃，说有“重要的事”找我，要我出去一下。当时刚巧轮到我发言，一位老师代我答话，请他明天再来，但是他站着不走，仍坚持要和我谈“要事”，神态很焦急。我想他肯定是有什么

"要事"需要我去帮助解决吧，于是就停止发言，走到门口。为不影响老师们的继续讨论，我轻声地问："有什么重要的事，请快些告诉我吧。"他结结巴巴地说："毛、毛老师，我、我要大、大便。"听了他的话，我差一点笑出声来，我感到奇怪，心里在想，"这怎么能算得上重要的事情呢?"就顺口回答说："要大便就请上厕所呗，干吗要找我呢?"他瞪大双眼，紧皱眉头，着急地说："我、我没、没有带、带草、草纸……"哦，我明白了。设身处地为孩子想一想，对一个天真的孩子来说，急着要大便而没带手纸，在当时的孩子心中也的确可以称得上是一桩"要事"，我不能嗔怪他，而是要体谅他，他终究还只是一个小孩子啊。急孩子之所急，我赶紧转身回办公室，从抽屉里拿出了一张手纸。没等我将手纸递给他，他就伸手将手纸拿去，急匆匆奔向男厕所。

第二天早上，男孩子又来找我，向我说明昨天的事。起先想找自己的班主任老师帮助解决，因为一时找不到，实在急了，才来找我，并说："您、您帮了我多、多大的忙，要、要不，我、我……"我连忙安慰他，说："不用谢，这是我应该做的事。"

我不是他的任课老师，平时接触不多，想不到薄薄的一张手纸，却帮助沟通了我们本来不太熟悉的师生感情。从此以后，他就时常来跟我谈心了。

他曾讲起毛主席为刘胡兰题词的事，心情很是激动。接着，又谈起了我们上海市的一位深受群众爱戴的好市长，他为我们的好市长担忧，若是好市长为人民操劳过度因而永远离去，又有谁能为他题词呢?孩子纯朴的童心，真诚的话语，令人感动。这一次，我们谈得很多，也谈得更融洽。他把我看成知心朋友，我也十分乐意跟他交流思想。经常的促膝谈心，使我了解了孩子内心世界的许多奥秘，有些奥秘颇具有共性，对开展思想品德教育甚多助益。

在少先队改选干部的时候，他又一次跟我谈了心里话。他认为已经当选的大队长、中队长都还可以，然后他表示自己有能力当上个小队长。我勉励他积极争取，可他却无可奈何地说："单靠我、我自己努、努力，恐怕不、不行，因为老、老师和同、同学们都、都已把、把我看死，认为我、我说话结、结巴，办事不、不会干脆。可是，我有、有一颗为人民服务的心……"他指指自己的胸口，接着说了下去。我领会他总的意思是希望我能跟他班主任打个招呼，向同学们推荐他当小队长，因为这样他才能为集体多做点有益的事情。

我委婉地告诉他，用托人说情的方法去争当小队长是不恰当的。没等我说完，他就急着辩白说：“我没、没给您、您送礼，这、这不能算、算行、行贿，您没、没受礼、也不、不能说是、是贪、贪污。现在，外面说、说情很大、大路，不、不过是通、通个路子罢了。”

孩子所以会有这些不正确的想法，那是因为受了社会上某些人的不良思想的影响，简单的批评不能真正解决他的问题。我理解他想争取当小队长的心情，但他采用的方法是不对的。所以我恳切地开导他，鼓励他以实际行动积极参与小队的民主选举。不管这次能否选上，都要关心集体，为集体多做好事。做好事的渠道多种多样，为人民服务是无止境的。当他明白了道理，表示口服心服。他说今后他会更努力地学习，还要逐步改正口吃的习惯。临别时，他天真地给我行了一个队礼，高高兴兴地说：“您、您真好，您是我最、最要好的好、好朋友，以后，我有、有什么心里话，还要、要来告诉您。请、请相、相信我。我、我是会进步的。”

在数十寒暑的教学生涯中，我深切的体会之一是，教师应该成为孩子们的知心朋友，而且完全可以成为孩子们的知心朋友。教师对孩子们的一片真诚的关切、爱护之心，一定能引导孩子们敞开心扉，师生之间无话不谈，必然能使思想品德教学收到预期的教育效果。

（三）教学业务素养

热爱儿童是教师满腔热情地培养孩子的动力和欢乐源泉，热爱所教学科，就会对它产生浓厚的兴趣，去孜孜以求，深入钻研教材和教法，以丰富的感情来上好每一堂课。这种对学科的热爱，是教师在履行培养革命事业接班人的过程中逐步形成的。学校工作把德育放在首位，思想品德课教师的责任重大，更应该热爱这门学科，不断提高这门学科的教学业务素养，才能做到乐教善教，取得积极的教育效果。

1. 重视观察和研究，了解学生的思想实际

革命教育家克鲁普斯卡娅曾经指出：“最要紧的是教师应该了解自己的学

生。优秀的教师对自己的学生总是很了解的。”(《克鲁普斯卡娅教育文选》)

少年儿童的思想、兴趣、爱好和健康状况都不一样，他们先天的遗传因素和后天的生活环境也不相同，只有充分了解学生，研究学生，才可能把思想工作做到学生的心灵深处。因此，了解学生、研究学生就成为教育学生的前提，只有在这一基础上，才能使思想品德课的教学内容和方式方法具有鲜明的针对性。

首先，要了解学生的年龄特点和接受能力，据此采用不同的教学方法。

在准备低年级教材《我是集体的一员》时，我曾分别试问过几名学生：“什么叫集体?”孩子们都回答不出。老师又将“集体”这一词义向他们作了解释，孩子们仍是似懂非懂。但是若要使学生懂得自己是集体中的一员，又是少不了对“集体”这一概念的理解的。对低年级小朋友说理，讲概念，不能用抽象的推导，根据他们形象思维占主导地位的认识特点，应该用生动、形象、具体的方法来进行教学活动。

于是，我作了如下的教学设计。开讲时，先出示一辆玩具车，请小朋友边观察、边回答这辆玩具车是由哪些零件组成的?小朋友们说出了几样较大的部件如外壳、轮子、发动机、驾驶盘等等，然后教师当着学生的面拆去一只轮子。继续让孩子们观察这一辆玩具车，启发他们想一想车子开不动的原因。孩子们这样回答：“因为缺少了一只轮子。”这时，我把班集体形象地比喻为这辆玩具车，说明班级里的每一个同学犹如组成这辆车的各个零件，都是重要的。假如有一个小螺丝钉损坏了，车子就开不动。在懂得什么是集体，知道个人与集体的关系的基础上，懂得班集体同样需要每个小朋友都发挥作用，集体才会有力量。然后，我又讲了小雁离了群，遇上凶恶的老鹰，群雁一起斗敌，终于救出了小雁的故事。接着运用“折游戏棒”的实验，让小朋友重温“一根棒容易折断，几根棒扎在一起就不容易折断”的常识，进而说明“集体团结有力量”的道理。

由于重视了课前的观察与研究，了解了小朋友的接受能力，并在这一基础上来钻研教材，设计教案，所以才能做到由浅入深，从具体到抽象，取得了较好的教学效果。

其次，要了解儿童在家庭与社会影响下已有的思想基础。这里有积极的、正面的东西，可以在课上加以利用、发扬；如有消极的、错误的认识，则应在课上有的放矢地进行教育、纠正。

一位教师在课上进行爱国主义教育，因事先已了解到学生在树立民族自尊心、自信心方面认识模糊，总认为“中国什么都比不上外国”。针对这种思想动态，教师在备课时作了大量准备。如组织学生收集报上刊登的有关我国出口商品的广告和新闻报道，上课时，让学生来交流，课堂气氛十分热烈，长了志气，激发了爱国热情。教师又结合平时了解到的同学中的好思想加以表扬。这种针对性强的课，教学效果自然就好。

第三，还要了解学生的个性特点，保护每个学生的学习积极性。如学生回答问题的能力、水平都不一样，有的思维敏捷，能抓住要点，回答问题简明流畅；有的抓不住要点，讲话断断续续；有的则情绪紧张，答非所问。那么，我在上课提问时，就要因人而异。将有深度、难一点的问题问第一种学生，发挥他们的带头作用。对于后两种学生，提问后即使他们一时答得含糊不清，也尽量鼓励，不损伤他们的自尊心和积极性。如果偶然答好了，则大加赞扬，鼓起他们积极思考积极发言的勇气。学生都能积极投入学习活动，那么教学质量就有了保证。

了解学生的途径是多种多样的，可以靠日常观察、开座谈会、家庭访问等。而个别谈话更是一种能细致、及时地了解学生思想的好方法。

我曾与一位六年级学生谈心，他说：“我的远大理想是当个董事长，有钱，权力大，人人都要讨好我。”他又凑在我耳边悄悄地问：“老师，你想不想到日本去，只要交13 500元手续费就行，我可以叫爸爸帮忙，价钱算便宜的。”我好奇地问：“去日本干什么呢，再说我也拿不出这么多钱啊。”他想了想，说：“写文章呗！钱嘛，先叫我爸爸替你垫一垫。老师待我那么好，借钱给你，利息就不要了。”我发现他手上戴着一只高价金表，即表示小孩不用戴这么好的手表，他却宽慰我说：“老师请放心，我已学得一套保卫自己生命财产的本领。假若有人来抢表，我打不过对方，那就先把金表扔给他，生命第一，有了命，以后还会有办法赚钱买金表。”

一个平时不好好读书、各科成绩很差、年仅12岁的学生，他的思想意识却很不一般。从这一学生的谈话中我意识到商品经济大潮下出现的“金钱万能”的思想已经侵蚀到小学生的心灵，不可等闲视之。所以，在以后有关课文的教学中我能有的放矢地进行教育。而对这位小学生则不仅用讲故事、举实例等方法直接个别疏导，还通过做家长的思想工作，使他的认识有所转变。

要了解儿童，就必须勤于观察、善于观察。观察儿童的神态表情、言谈举止，可以从中探索儿童的内心世界，但观察时应避免“先入之见”，用浓厚的主观意识去观察，其结果往往会偏离实际。

我就曾碰到过这样一件事。

小荣在班上是一名顽皮的孩子，他活泼好动，自由散漫，喜欢惹事生非。有一次，上思想品德课，我看见小荣的嘴巴在不时扭动，好像在咀嚼什么东西。“可能在吃五香豆”，这是我根据对他平时印象得出的主观臆测。

将近下课了，同学们都在阅读课文，我看见他的嘴巴继续在扭动，为不影响其他同学，我就走近小荣的身边，轻声地问：“你在吃什么东西？别忘了现在是上课时间啊。”

小荣听我说罢，脸含愠色，他气冲冲地张开小嘴，“噗”的一声，连血带水，吐出了一只脱落的牙齿，没好气地说：“喏，您看，这能吃吗？”

课后我找小荣谈话，方知他牙齿疼痛已有数日，一只龋齿已经松动，刚才上课时经他用舌尖着力一顶，居然连根脱落下来。为了不影响上课，他忍着疼痛，让血水和脱落的牙齿盘留在口腔里，一声不响。当然，这样做是很不舒服的，因而他就不时扭动嘴巴，以资调节，想挨到下了课，再到盥洗室去将血水和坏牙吐掉。

多好的孩子！虽然他有时会调皮捣乱，可是在节骨眼上，他想的却是集体。为了让同学们安心上好课，宁愿自己忍受痛楚和不便。而我呢，却只是凭主观臆想推断是非，将观察停留在表面上，贸然做出“他吃五香豆”的假定。我这样做，伤害了孩子的自尊心，也挫伤了他的勇敢精神。

在了解实际情况后，我当即坦诚地向小荣表示歉意，并在下一次上课时表扬了小荣关心集体、爱护集体的好思想。

虽然小荣没再责怪我，但是从此以后，我在对孩子们进行观察时就更注意客观性，更重视由表及里。对那些一时把握不住的事情，决不妄下断语。

2. 研究各门学科的教学方法，以综合、参照运用，掌握思想品德课的教学方法。

思想品德课开设的时间不长，尚未形成一整套稳定的、独特的教学方法。我们都知道，“教学有法，教无定法”。不同年级、不同课文内容的教学方法也应该是各有不同的。为此，要想提高思想品德课的教学质量，教师还必须不断研究思想品德课教学规律，认真改进教学方法。

为了改变过去一段时间内政治思想教学偏重灌输式、概念化和成人化的状况，我们曾提出思想品德教学“五性”和“三注重”的教学原则。“五性”指的是思想性、知识性、趣味性、针对性和实践性；“三注重”指的是注重道德认识的形成、道德情感的激发和道德行为的训练。要完成上述要求，我们就必须注意借鉴各科教学方法中的长处，综合运用，以丰富思想品德课的教学方法。

我曾多次运用自然常识课的实验教学，来增强学生的感性认识。在教《集体的力量》一课时，我先通过讲故事、看彩色图片的方式来进行教学，使小学生能从中悟出一定道理，然后我就采用常识课中演示实验的方法，先取出一根游戏棒，请班上最小的一个孩子上讲台来，让他将这一根游戏棒折断。当然，只轻轻一折，游戏棒就断裂了。接着，我取出一扎游戏棒，请班上一位最大的孩子来折，尽管全班同学高声呼喊为他“加油”，累得满头大汗的大孩子还是无法将一扎游戏棒折断。这一演示，进一步让孩子们懂得了“集体力量大”的道理，很有说服力。

再如，我用四根绳子缚住了一张课桌的四只脚，请四位小朋友上来，各执绳子，向不同的方向拉，那么，这张课桌就无法拉到我指定的位置上去。然后，我让他们朝一个方向拉，在我指挥下，这张课桌很容易地就到位了。通过这一简单的演示，小朋友又进一步明白了“劲往一处使，心往一处想，团结起来力量大”的道理，我再辅以生动的讲解、剖析，鼓励大家要团结友爱、关心集体，较好地完成了《集体的力量》这一课的教学要求。

我在上《爱惜粮食》一课时，采用了数学课的计算法。一上课，我先出了一道口算题：“请大家算一算，若是每人每月浪费半斤粮食，那么，每人每年浪费了几斤粮食？我国有 11 亿人口，每年共浪费了几斤粮食？合成多少吨？”

孩子们都很聪明，要不了多少时候，答案就出来了，原来这还是一个惊人的数目呢。接着，我又列举了平时小朋友随便掉落饭粒、倾弃剩饭和扔掉馒头、糕饼的情况，启发说："这样看来，小朋友们每人每月浪费的粮食恐怕还不止半斤吧，那么，全国浪费粮食的总数就更惊人了。你们看，该怎么办？"数字计算的结果有力地说明了爱惜粮食的必要性。小朋友们纷纷提出了节约粮食的打算。

运用音乐来激发学生的感情，这也是我上思想品德课常用的教学方法。在上《别人进步我高兴》一课时，我运用音乐课的表情唱歌的教学方法，出示了自编的三段歌词，歌词写道："每当别人进步的时候，我们就一起来拍手……"这样，同学们就边拍手，边唱起来，课堂气氛既融和，又活泼。歌声、掌声激励着同学们去行动，去争取进步。

为了教育学生热爱集体，主动为集体做好事，我曾用有趣的对歌方式来赞扬默默为班上做好事的同学。我拉起手风琴，带着好奇的声调唱问："教室里的地是谁扫的？"大家就唱出了一个同学的名字；接着我又边唱边问："玻璃窗是谁揩的？课桌椅是谁排的？"大家都能齐声对上。最后大家一起唱："你来说，我来说，做了好事多快乐。"（木鱼和小铃铛配合在对歌之中，增强了童趣）对唱时，同学们相互对视，面部表情丰富，情绪高涨，教学效果十分明显。有一位同学课后告诉我："老师，对着唱真有劲，我一边唱一边在想，我也要为班级做许多许多的好事呢。"音乐在思想品德教学中起的感染作用，往往比教师单纯讲大道理要有效得多。

语文课的情境教学法，更是我在思想品德课中经常采用的。例如在讲述雷锋苦难的童年生活时，我播放了二胡独奏曲《二泉映月》作为衬托，孩子们在听了我的叙说后，都是热泪盈眶，在感动中引发了对旧社会的憎恨。接着，我又播放录有锣鼓声、欢笑声的盒带，伴着"解放区的天是明朗的天……"的歌声，我手持彩色腰带，摆出扭秧歌的姿态，这时，孩子们又体验了解放后人民的欢乐心情，激动不已。当我展示雷锋手擎"中国共产党万岁！"的横幅阔步前进的彩色图画时，孩子们的兴奋情绪达到了高潮。孩子们憎恶旧社会、热爱共产党的感情油然而生。

就这样我从其他各科教学方法中"拿来"对思想品德课教学有用的方法，

加以改造后，形成了思想品德课的实验法、计算法、暗示法等等教学方法，为逐步建立思想品德课教学方法体系，添了一块砖，加了一片瓦。

3. 不断研究新问题，扩展教改思路。

提高教学业务素养是没有止境的。随着改革开放的形势发展，对未来世纪接班人的素质要求在不断提高。近几年来，小学生的心理卫生和心理健康问题日益引起人们的重视，如何从小培养学生良好的心理素质，是全体教育工作者，尤其是思想品德课教师所关心的。为此，我参与了上海市教育局教研室和虹口区教育局教研室合作的心理健康教育课题研究，与老师们共同探索如何以思想品德课为主要阵地，系统地对小学生进行心理健康教育。针对小学生的特点，确定了各年级的研究课题，如低年级的合群心理，中年级的责任心理以及高年级的进取心理等，将培养良好的思想品德与健康的心理素质结合起来。这样，从教学内容到教学方法都有许多新的课题需要研究。除了通过课堂教学对学生集体地进行心理健康教育外，课外我们还开展了心理咨询与心理疏导，针对有心理健康问题的学生进行个别教育。由此，也及时解除了一些学生的心理障碍，避免了不良行为的产生。在此我想举一个实例，用来浅析心理疏导所产生的作用。

事情发生在临近儿童节的日子里，在老师收到的学生们交上来的会标设计图画中，发现了一张奇怪的图画。

图画正中用黑、红、紫三种颜色画成六角形大框架，中间画了一个骷髅和两根枯骨，周围写着“上吊”、“跳河”、“服毒”、“砍头”、“撞墙”、“五马分尸”、“跳楼”、“绝食”和“放血”等杀气腾腾的字句，还分别配上简笔图画。中间标题是“杀人大会”、“杀人不眨眼”。

为什么在同学们庆祝儿童节绘画的会标设计图中会出现这样一张奇怪的图画？班主任感到震惊和困惑，班主任跟我商议了一下，决定再由我试试，找绘这幅画的孩子卫卫谈一次。当卫卫走进办公室时，神情十分沮丧。我热诚地招呼他，为他搬来了坐椅。谈心就在诚挚的氛围中开始了。我说：“卫卫，那一次我到你班上上课，你那专心听课的态度给我留下很好的印象。”

卫卫感到了老师的友善，低垂的头抬了起来。见他不那么紧张了，我诚恳而又坦率地问：“你画的庆祝会会标图使我很吃惊，真不敢相信这是你画的。可能你心中有很大的苦恼，我很愿意帮助你解除苦恼，你说，好不好?”

经过一番思想斗争，卫卫终于说话了。他激动地说道：“这个世界上没有一点能让我感到快乐！我，我没有儿童节！”我递给他一块手帕，认真倾听他含着泪水的叙述。从他断断续续的话语中，我终于得知：

卫卫的哥哥学习成绩好，妈妈非常喜欢，而卫卫学习成绩较差，经常受骂挨打，有时哥哥也要揍他。在家里，卫卫得不到温暖，经常连午饭也不想吃，已经得了胃病。上课时走神，作业马虎，又少不了要受批评，同学们也不喜欢他。由此他逐渐产生了对抗心理，变本加厉地惹事生非，以致在集体中越来越孤立。所以当大家都在兴高采烈地筹备庆祝儿童节时，他却把一股怨恨之气集中发泄在这张会标设计图上。

他接着说：“再过几天是我 12 岁生日，这一天，妈妈肯定不会睬我……”说着，卫卫边流泪，一边用手帕不停地擦拭着滚滚而下的泪水。他压抑已久的感情这次得到了痛快的宣泄。

显然，卫卫的心理健康是有问题的，他稚嫩的心灵过早地受到了创伤，他的举止行为已经变得异常了。这样的孩子需要大家给予更多的关心和爱护，他需要心理疏导。我启发他要理解妈妈那种恨铁不成钢的忧急心情，帮他回忆妈妈对他关怀、体贴的事例，让他体会到妈妈也是爱他的。接着我又讲了自己在旧社会中苦难的童年以及我对当今儿童幸福生活的欣羡之情，鼓励他应该乐观开朗，奋发向上，并告诉他，班主任老师将和我一起做他家长的工作，老师们会给他补习，同学们也会乐意来帮助他，而最主要的是他本身要努力向上。

在他生日的那一天，他收到了生日蛋糕和祝贺信，他脸上绽开了笑容，并高高兴兴地参加了儿童节庆祝活动。

自那以后，班主任老师又为他做了大量的工作，卫卫的心理障碍被扫除了，大家都夸卫卫变了样！翌年的儿童节前，他又交上了一张庆祝儿童节的会标设计图，内容健康，色彩鲜艳。这虽然是一张迟交的作业，却展示了卫卫心理的健康发展。这是儿童成长过程中的一次飞跃，也是心理疏导初见成效的有力佐证。有关心理疏导的原理与方法，我们还要继续探索与进一步掌握，才能适应教学改革的需要。

路在脚下

◇ 刘炳生

我走在平坦的林阴大道上，在感到轻松的同时，我问自己：前人为你铺了路，你能心安理得？你将为后人做些什么？

我走在崎岖坎坷的小路上，跌倒了，伤痕累累，我问自己：你摔倒的原因是什么？你打算怎么办？

我似乎走到了路的尽头，在走投无路的同时，我问自己：是停止、后退？还是另谋出路，走出一条路来？

这就是我的教学之路。

一、边干边学　教学相长

一个偶然的机会使我走上了讲台，真没想到还深深爱上了这三尺讲台，一干就是30多年，这辈子跟讲台结下了不解之缘。

我从教30多年来，教过语文、数学、英语、美术、手工劳动、自然等学科。当过班主任，但任教时间最长的还是自然。

实践告诉我：“教师要给学生一杯水，自己要有一桶水。”“要做先生，得先当学生。”只有不断提高业务水平，改进教学方法，才能提高教学质量。

因为我教过的课程较多，学习的内容相对也就多。我觉得多懂得一些跟教学相关的知识，教学也就比较得心应手，也就比较容易树立教师的威信。

我早年教美术课时，曾参加区美术进修班学习，绘画水平有较大的提高，能配合宣传绘制大幅壁画（宣传画），对激发学生认真学习绘画，上好美术课起了一定的促进作用。

我到实验小学听课，看到用老式幻灯机改制的“白昼幻灯机”，很受启发。后来到市教育学院学习，自己动手将老式幻灯机改制成“白昼幻灯机”

用于自然教学，学生很感兴趣，调动了学生的学习积极性。

我是个业余无线电爱好者，学生时代省吃俭用，学会了装置电子管收音机。参加工作以后，已能进行简单的维修。业余无线电活动，不仅开阔了我的知识视野，锻炼了动手能力，还给邻居、同事带来了小小的方便。

60年代以后，晶体管逐渐取代了电子管。我因为工作忙，没时间参加正规的学习，但课外兴趣活动小组需要传授这方面的知识，我只能自学，《无线电》杂志就是我的老师。通过自学，学会了装置晶体管收音机和一些简单的电子电路。由于缺少器材设备，练习有局限性，所以后来还是挤时间参加了培训班学习。参加无线电遥控培训班学习后，制成了遥控发射机和接收装置，除用于航海模型外，还用于自然教学，对激发学生的求知欲起了一定的作用。

我还是个摄影爱好者，说起自学摄影的历史就更“惨”了。学摄影最起码的条件是要有照相机，可我买不起照相机，那怎样练习拍摄呢？我的摄影练习，就是在学生春游、秋游时，有的老师带照相机来，叫我给学生和老师照相，这就是我的摄影实践活动。照好以后，暗室冲晒由我处理。

后来我花了几元钱在旧货摊上买了一架快门失灵的老式照相机，我摆弄了一阵，修复了快门，照相机起死回生了，能凑合着照相。我还用它的皮腔和镜头作为放大机的部件，不但解决了摄影小组的设备，而且对学生也是勤俭办一切事业的教育。

一次，科技晚会有个科学幻想节目需要杖头木偶。我虽然看过木偶戏，但不了解杖头木偶的构造和制作方法，为了学习杖头木偶的制作，我特地去上海木偶剧团求教。在木偶剧团师傅们的帮助、指导下，终于制成了眼睛、嘴、头和手指都会动的木偶。“木偶”在科技晚会上的演出，给孩子们带来喜悦和无限的遐想。

在编写《自然常识》教材时，为了亲自感受一下小鸡的孵化过程，在学校里特地组织了实验小组。到兄弟学校借来孵化箱，向中学生物老师请教有关技术，跑到浦东“孵坊”采购种蛋……这项实验投入大、周期长，但孩子们特别感兴趣。我们每天定时观察，看到了胚胎的发育过程，并制作了部分标本。到了第21天，我们期待的时刻到了，小鸡啄壳的情景和破壳而出的瞬间，给孩子们留下了难以磨灭的印象，孩子们目睹了一个生命的诞生，亲自感受到大自然是如此奇妙。

1987年，上海市教育科学研究所受国家教委初教司委托，进行小学教育评价系列项目研究。南市区教育学院承担了“小学自然学科总结性评价研究”这一课题的研究，具体研究项目为：（1）如何科学地制订小学自然学科教学目标，总结性测量目标；（2）根据总结性测量目标，编制部分例证性试题，并在一定范围内进行客观性验证。

我虽然工作很忙，而且对这项工作一窍不通，但认识到教育科研是教师应具备的素养之一，这是一次难得的学习机会，便毅然参加了这项工作。在有关领导和兄弟省市的帮助下胜利完成了任务，我受到一次有关制订教学目标和教学评价方面的启蒙教育。

在小学这块园地里，我觉得凡是教学需要的最好都会一些，是个“多面手”，做到“一专多能”。

在教学实践中，我觉得除了学习有关文化科学知识和技能外，还要向有经验的老师学习，向自己的教育对象学习。

第一届“亿利达青少年创造发明比赛”一等奖获得者张今同学，在我校四年级学习时，成绩平平。他父亲在708研究所工作，是工程师。他受父亲的影响，喜欢动手制作，挺会动脑筋。我们吸收他参加科技活动小组以后，他表现很好。他在手工劳动课制作纸模型“铲车”时，只加了两枚大头针和一根线，就把固定的“铲斗”改成了能升降的。学校发现了他的创造精神，进行大会表扬，不仅教育了广大学生，也教育了我，对他的触动更大，后来他的学习成绩有了明显的提高。他在假期里自制了颇具特色的“针孔照相机”、“柑桔电池”等。中学时代一直参加区少科站太阳能小组活动，有多项小发明。

裘苑是一位颇有知名度的小发明家，她是市青少年创造发明学校第一届学员，我是她的启蒙老师之一。当时她是江苏路五小五年级学生，后升入市三女中，曾多次参加全国发明展、国际发明展。1986年以来，她获得的全国、市级各类发明奖达18项，其中一等奖就有11项。1989年，团市委授予裘苑“少年爱迪生”、“未来建设者”两项荣誉称号。由于裘苑学习成绩优异，创造发明成果显著。1992年经有关部门推荐，她直升交通大学。她的刻苦学习，她的创造精神，给我留下了深刻的印象。

我举这两位同学为例，不是说我对他们的成长起了什么作用，而恰恰相反，他们的成长对我是一种教育和鞭策，他们的成长激励着我要向自己的教育对象学习，不断充实自己。

总之，教师必须终生不断地学习，不断开拓和更新自己的知识。尤其是在“知识爆炸”的现代社会，更要不断充实自己。就如加里宁所说的那样：“教师一方面要献出自己的东西，另一方面又要像海绵一样，从人民、生活中和科学中吸收一切优良的东西，然后再把这些优良的东西贡献给学生。”

实践还告诉我，光有一定的业务水平，甚至是较高的业务水平，如果不从心眼里爱学生、爱教育事业，也不能搞好教育工作。

爱是什么？爱是对人和事物很深的感情。爱是一种热情，一种自我牺牲的依恋的道德情感。没有真诚的爱，就不会有真正的教育。

老师们和领导说我爱校如家，这当然是一种鼓励。说实在的，我爱学校、爱教育事业是超过家庭的，长期以来我全身心投入教育工作没日没夜地干，节假日也难得休息，对家庭关心照顾很少，我不是个好丈夫，更不是个好父亲。从道理上讲，我也明白应妥善安排，两全其美，但在不能两全的情况下，我不得不对家庭和亲人表示歉意。

因为爱，就应无私奉献。50 年代，学校经费困难，教学仪器设备也不齐全。万用表是开展无线电活动的基本设备，学校没钱添置，尽管我当时家庭经济也很拮据，但由于教学需要，我咬咬牙，花了一个月的工资买了一台万用表，平时投入的小零小碎，更不计其数。这虽是小事一桩，但对一个穷教师来说，是不是也能说明这是一丝爱的奉献。

我除了搞好本职工作以外，学校里的一些杂活儿，只要我有时间、我会干的，总是全力以赴；不会干的，只要有可能，就学着干。比如，由于工作需要，我学会了蹬三轮车。1990 年造新教学楼时，外墙准备贴马赛克装饰画，画面较大，有近四层楼那么高。学校请几位老师提出了初步设想，我根据设想意向进行构思，绘出了画稿。但画稿如何用彩色马赛克拼贴，缺少经验。多方请教，也没解决。后来还是自己想办法用打格子放大的方法解决了，又花了不少时间进行拼贴，这项工程为学校节约几千元。

我默默无闻地工作了好多年，活动范围基本上在学校圈子。1978 年以后，接触范围扩大了，承蒙各界信任和厚爱，《少年科学》杂志邀我任业余编辑、市少科站青少年创造发明学校邀我任兼职教师……在不影响本职工作的前提下，我答应了，因为对我来说这是很好的学习和锻炼机会。后来少儿出版社、上海教育出版社、市少科站等都曾邀我“跳槽”，我都婉言谢绝了，除了自感水平不行以外，更重要的是当了一辈子教师，叫我离开学校，感情上不适应，我总觉得欠学校的太多了，应尽力回报。

我不是科班出身，没受过系统的师范教育。刚上讲台时，不懂得教育学、心理学，不懂得教学规律，更无教育经验，走了不少弯路，是在领导和老师们的帮助下才入了门。

有一年我带学生到公园秋游，事先当然要进行思想教育，“约法三章”，反复强调要爱护花草树木。结果有个学生采了一朵串红吸食花蜜，我得知后，不是正面引导、耐心教育，而是小题大作，画了一幅漫画贴在墙报上，讽刺这个学生与蜜蜂争食。结果伤了这孩子的自尊心，他很气愤，跟我对着干，在老师们的帮助下，我认识了自己的鲁莽和无知，认真向这孩子做了检讨，才得到原谅。

通过多年的学习和实践，我逐渐认识到教育工作不单是个方法问题，更重要的是教育观念、教育思想问题。一定要正确对待学生的优点和缺点，特别对所谓的“差生”要有正确的看法。要爱所有学生，要尊重他们的人格，要关心他们的困难和疾苦，要做他们的知心朋友。

我的思想、作风的转变，为建立师生友谊奠定了基础。我所以特别重视组织课外兴趣活动小组的原因之一就是我感到这是一种亲近学生的良机。在活动中，无拘无束地交往，能了解孩子们平时在想些什么，干些什么，喜欢什么，不喜欢什么，总之，能了解学生的内心世界。这样就能有的放矢地“一把钥匙开一把锁”，有针对性地开展思想教育工作。

我早年的一位学生，后来到南京一医院任主任医师，他每次返沪总来看望我，畅谈小学时代的学习生活，怀念儿时的趣闻轶事。年前，一位阔别 30 余年的学生带了礼物来看我，说 30 年前因她家庭经济困难，我曾代她付过杂费……

这虽然都是些平凡的生活琐事，然而它给我带来的是耕耘与收获的感受。我真正体会到教师的生活不只是清贫与辛苦，其中更有说不完的欢乐道不尽的幸福。

二、探索课外科学教育

为了把我国建设成四个现代化的强国，实现科学技术现代化是关键。而要发展我国的科技事业，不仅需要一支宏大的科技工作者的队伍，而且要提高全体劳动者的科学素质。因此，从儿童教育抓起，及早加强科学教育，是刻不容缓的大问题。

从目前学校教育的情况来看，人们越来越发现课堂教学不能全部解决培养现代社会所需要的人才，认为课外活动是教育中不可缺少的重要组成部分，设想在整个科学教育中实施两个渠道相结合的途径。

自然教学大纲也指出：教师要鼓励和辅导学生开展课外自然研究活动，并力求把这种活动化为他们乐于从事的经常性活动，使他们在活动中扩展知识，发展兴趣，锻炼能力。

我对此非常赞同，已进行了一系列的课外科学教育试验，并取得了一定的成效。

开展课外科学教育，最常见的是科技兴趣小组，我们先后组织过航空模型、航海模型、无线电、摄影、气象、种植、小发明等小组，还出版科技黑板报、墙报，建立科学广播台，阅读科普书刊，观看科技电影，组织科技晚会、科技夏令营，参观自然博物馆以及结合春秋游开展观察、考察活动等。

1979 年，为了适应形势发展的需要，学校把科技活动课列入课表，每周一节课，我自编 1 ~ 5 年级科技活动资料，以解燃眉之急。科技活动课的开展。大大调动了学生学科学的热情。

在市、区青少年科技作品评比中，我校学生多次获奖，并有多件作品送到日本交流。1979 年全国青少年科技作品展览，我校有两件作品获奖，1982 年，我校被评为“全国青少年科技活动先进集体”。1984 年以来，两次被评为“上海市科技活动先进集体。”

为了加强科学启蒙教育，我校对毕业班提出了具体要求，每个毕业生必须懂得一点电子知识和摄影常识。要求并不高，电子知识只要求知道晶体管单管收音机的简单原理，认识元件、符号，并能进行插装；摄影常识只要求知道摄影的简单原理、简单照相机的基本构造和掌握简单照相机的操作程序。知识教学以教学班进行，操作实践分小组练习。学生很感兴趣，课外科技活动促进了学生的学习积极性。

我校毕业生升入初中后，不论是重点中学还是非重点中学，普遍反映大部分学生善于思考，思维活跃。

（一）难忘的 1978 年

在开展课外科学教育实践中，有些活动令人终生难忘。

1978 年，对我来说是极不平常的一年。

在全国科学大会的精神鼓舞下，我校借此东风，课外科学教育有了进一步的发展。上海市教育局、市科协等领导部门决定“市第一届爱科学月活动开幕式和科技活动现场会”在我校召开。对我们这样一所普通小学和我这样一个普通教师来说，无疑是极大的鼓励和促进。11 月 18 日，“爱科学月”拉开了序幕，市、区教育局、科协、少科站及有关方面领导 500 余人出席了开幕式，我校开放了 18 个活动室进行汇报，得到了市、区领导的肯定和好评。

同年，市教育局让我参加在北京举行的全国第一届电化教育交流会，我校带了彩色宽银幕活动幻灯进行交流，三架投影仪配合放映，取得了“土电影”的效果，得到了与会者的好评。这是一次难得的学习机会，会上展示的各种构思巧妙的教学软件和各种不同功能的放映设备，令人耳目一新，大开眼界，为我校开展电化教育提供了宝贵的经验。

《文汇报》报道了我校开展课外科技活动和电化教学的情况，中央人民广播电台和中央电视台也先后来校采访，并录制了有关科技活动节目，引起强烈反响。全国各地来函来访数以千计，遍及黑龙江、新疆、广东、广西等 23 个省、市、自治区，使我校师生受到极大的鼓舞和鞭策。

（二）三者缺一不可

在长期的课外科学教育活动中，我深深体会到，要使科学教育正常地开展，领导的重视、群众的支持和科技辅导员的努力三者缺一不可。

各级领导很重视课外科学教育，提供了不少条件，如建立了校外科学教育机构——少年科技指导站，市、区教育局、科协等协调每年定期开展科普活动等，但关键还是在基层。我校所以能坚持开展科技活动，把科技活动列入整个教育工作的组成部分，是因校领导认为这是教育方针的要求，必须贯彻落实。

我校对科技活动加强了领导，成立了科技活动领导小组，统筹、协调并解决各种实际问题。比如，航海模型小组制作的船模，除了外观模型外，大部分要在水池里试航，学校里一般都不具备这样的条件。校领导认为，不解决这个具体问题，会影响学生的积极性，就在体操台周围筑起“矮墙”，接了水管。注水成水池，水放掉仍是体操台，解决了船模试航问题。

群众的支持是使科技活动顺利开展的有力保证。这个“群众”，不仅指教师，还包括家长和社会上的方方面面。教师的支持，除了保证学生有时间参加活动，本人还要积极参与。我校老校长曾说过：不爱科学的教师，培养不出爱科学的学生。要培养学生爱科学，教师首先要爱科学。我校多数教师就是在这一精神鼓舞下，边学边干，所以 1979 年我校能普遍开设科技活动课。

我校在家长和社会方面也做了大量的工作，争取大家的理解和支持。有些家长和科研机构（如 708 研究所），不但在物质上给予帮助，还委派工程师加入辅导员行列。

开展课外科技活动，需要领导、群众和科技辅导员三方面的紧密配合，领导重视、群众支持是基础，非常重要，但我认为唱主角还应该是科技辅导员，没有科技辅导员的努力，没有科技辅导员的拼搏精神，不可能取得良好的效果。我在科学教育实践中，之所以能感动“上帝”，就是因为我长期的拼搏。我虽然笨，笨鸟就得先飞；我虽然工作忙，忙就得挤时间，起早摸黑地干，从而感动了领导和群众，给予热情的支持和帮助。

试制染印法幻灯片就是个典型的例子。试制染印法幻灯片这是一项难度较高的试验。我在一无资料、二无设备的条件下，因陋就简，土法上马。但得到了有关领导和社会各方面的支持，如区教育局批了控购的照相机，上海电影机械厂提供了片基，上海电影技术厂提供了染料等。经过无数次的试验，质量总过不了关。暑假里，我在密不透风的地下室里干得汗流浃背，总支领导见了十分感动，通过多方面的牵线搭桥，介绍我到合肥安徽幻灯制片厂学习。虽然我只学了一天，因为我有过多次失败的教训，所以经过师傅的指点，很快掌握了制作关键，使染印法幻灯片得到初步成功。

（三）科学探索角

1982 年，我参加“中国科学教育考察团”赴美国考察，收获很大。在考察期间，除了参观访问了不少大中小学和幼儿园外，还考察了校外科学教育机构，如旧金山的“探索者”、加州大学伯克莱分校的“劳伦斯科学馆”等。美国非常重视校外科学教育，连华盛顿国家动物园里都有一个教育部，针对不同的参观对象开展科学教育。

美国的校外科学教育，确有不少特色，归纳起来有以下几点：

（1）内容生动，形式多样，注意培养兴趣，强调在游戏中学科学。有相当多的展品可以动手操作。劳伦斯科学馆设计了一套“食物的营养”电脑游戏，放在餐厅里。孩子们把自己吃的食物，按编号输入电脑，屏幕上立即显示出营养是否能满足人体的需要。这即使孩子们懂得了食物的营养价值和人体所需营养的知识，又教育他们不要偏食。

（2）活动项目配合课程教学，并加以引伸、提高。纽约的“消防船环境中心”，为了开展太阳能和海洋生物研究，既有实用的太阳能装置，还有一个较大的海洋生物养殖池。华盛顿国家动物园教育部，专门为幼儿设计了发展触觉和认识动物的课程。

（3）面向学校，为师生创造学习条件。一般科学中心都有陈列室、实验室以及较现代化的教学设备。对学校的经常工作是：培训师资、辅导学生和提供资料、器材。

（4）面向社会，积极开展科普与科研工作。乔治亚州的费斑克科学中心，设有 500 个座位的天象馆，并根据不同对象，设计了不同的演示形式。科学中心备有精密的仪器设备，如电子显微镜和精密地震仪等。

特别是旧金山的探索馆，给我留下了深刻的印象。他们每年接待几十万人次。每星期三、四、五上午，专门对学校开放，他们不是代替学校教育，而是协助学校搞好科学教育。展品内容丰富多彩，分为光和视觉、声音和听觉、力和运动、波和振动、热和温度、学和电子学以及海洋生物等。展品不仅设计新颖，构思巧妙，而且具有因陋就简的特点，有的展品是各单位捐献的废旧设备加以改制的。馆内还有制作工场，里面有机床和木工加工设备，以便于学生实习。

"他山之石，可以攻玉。"为了多角度、多层次地激发学生学科学、用科学的能力和探索科学奥秘的兴趣，我因陋就简筹建了"科学探索角"。指导思想是通过"新"、"奇"、"特"活动，达到"乐"的目的。就是让学生通过动手操作各种新颖、奇妙、有一定特点的设备，达到乐于学科学的目的，寓教于玩，寓教于乐。

由于校舍紧张，"科学探索角"利用自然实验室作为活动场地，设备都比较小巧，可随时安放和收起。每周开放两三次以班级为单位利用活动课时间开展活动。活动内容主要有学生的优秀科技作品和自行设计、制作的玩具和实验设备。

如曾获市一等奖的科技作品——电弦琴，它的构造十分简单，用钢丝作琴弦，"琴马"下有一块压电陶瓷片，压电陶瓷片的输出端接在小型扩音器上。拨动琴弦后，由于弦的振动使压电陶瓷片产生电流，通过扩音器发出响亮的声音。因为允许动手操作，孩子们玩得津津有味。孩子们在玩中认识了一种电子器件——压电陶瓷片和它的一个特性——能把振动变为电流。

"科学探索角"有一块"拼板"，孩子们也特别感兴趣。这是我在教英语时设计的"简单英语句型电路"，板上写着英语单词或词组，把板插入句型电路，当句型正确时（如 *I am a pupil.*）指示灯亮，如这时把"*am*"换成"*are*"，句型不对了，指示灯就不亮；如果再把"I"换成"*You*"，变为"*You are a pupil.*"指示灯就亮了说明这时句型正确；如把"*a pupil*"换成"*pupils*"，句型仍然正确，所以指示灯仍亮……这件简单的教具不但孩子们感到有趣，在科技展览会上，还得到过英国专家的赞赏。

电子计算器大家都比较熟悉，我利用简单的开关电路设计的玩具计算器，使孩子们感到非常惊奇。把写有式题的卡片插进输入口，按下开关，显示屏立即显示出正确答数，如卡片上写好"16 ×4 ="，显示屏将显示"64"。

"荧光留影"也使孩子们感到惊异。大家都知道，物体挡住了光线而形成影子，随着光的消失，影子也就立即不见了。可“荧光留影”却不同，光消失后，影子并不马上消失，还能暂留几秒钟。这是利用闪光灯和一支坏示波管的荧屏做的小实验。

此外，如“彩色的影子”、“搭拱桥”、“看不见的光线”等二三十件新奇有趣的“玩具”，使孩子们流连忘返，“科学探索角”像磁石一般吸引着孩子们，成了孩子们心中的科学乐园。

联合国教科文组织两位专家，曾两度来我校考察课外科学教育。在参观了“科学探索角”、自制教具展示、科技兴趣活动小组和听了科技活动课后，给予了很高的评价，并说：“西方有良好的设备，但缺少你们这种可贵的精神。”

我一辈子对教育事业“自作多情”，现在老了就更难改。今年 61 岁了，按理说可以画上句号了。但想到党和人民对我的培育，看到飞跃发展的改革开放形势，觉得作为一个党员，理应做到“生命不息，战斗不止”。特别是到内地考察，看到不少贫困地区尚未脱贫，不少少年儿童还属于“希望工程”，教育改革任务如此艰巨，心中忐忑不安。应该像一些老前辈那样，发挥余热，老有所为，为跨世纪的课程教材改革添砖加瓦，我打算做好以下几件工作。

（1）科技活动课程探索。上海的课程教材改革总体方案小学段由两块“板块”组成——必修课程和活动课程。由于传统教育观念的影响，活动课程还未引起足够的重视。我打算通过一段时间的试验，为推动科技活动课程的开展做些探索。

（2）编好《生活与劳动》教材。上海的劳动技术学科 1 ~ 5 年级段称为《生活与劳动》，目前已出版 6 册，1995 年出齐，并做好配套工作。1996 年完成第一轮试验，希望能交出一份像样的答卷，为开展劳动技术教育奠定基础。

（3）积极参加讲师团活动。目前我已参加两个讲师团，一个是我倡议组建的区科普讲师团，主要是深入基层学校，解决师资不足的问题，协助做点科学教育普及工作。具体工作是根据学校需要，集中到一所学校开展辅导活动，是志愿者式的义务劳动，这一做法很受学校欢迎。我还应邀参加区精英讲师团，主要是培养青年教师，促进青年教师的迅速成长。

探索·实践·创新

◇ 黄素行

我是一名普通的中学生物教师。三十多年来一直耕耘在教育园地。为了追求自己的理想和目标，我不断学习，不断探索，不断实践，不断创新。在认识和掌握中学生物教学的基本规律和特点的基础上，逐步形成了自己的教学思想和教学风格，把普遍认为难教的、枯燥乏味的生物课教得通俗易懂、深入浅出、生动活泼。在教学中，重视提高学生动脑和动手的能力，使学生对生物课产生浓厚的兴趣，从而达到牢固地掌握生物教材的基本内容的目的。在我三十多年的教学生涯中，有的同学在日记中经常记载着有关生物的趣事；有的同学在语文写作比赛中选择生物为主题；有的同学表示将来要专攻生物工程，为人类造福。不少同学毕业后给我来信叙述他们对生物课的深刻印象，有一位同学的来信是有代表性的，他写道："当我们刚踏进中学校门的时候，是您，打开我们狭窄的眼界，把我们引入纷繁万千的生物界；是您，大胆地改革，让我们自己动手和真正的动植物见面，把昔日只能看看挂图、模型的枯燥乏味的生物课变得生动有趣；是您，使我们每一个同学都爱上了生物课，也深深地爱上了您。"教育的对象是学生，教师对学生的了解、认识、指导是教师搞好教学的前提，而学生对教师理解、肯定、爱戴则是衡量教师搞好教学的标准。三十多年的教学实践，我就是以这一认识为指导思想，去正确把握教与学、师与生的关系，摸索出中学生物课教学中的一些规律性东西，从而形成了自己的教学风格，大大提高了教学质量，获得较显著的教学效果。

一、在"活"字上动脑筋

当我踏上神圣的讲台时，我的唯一愿望就是把课讲好讲活，把知识不折不扣地正确地传授给学生。在备课时，我头脑里经常出现这样一个场面：在华师大生物系二年级上生物课时，张作人教授语重心长地叮嘱我们说：“自然界形形色色的生物，具有极大的吸引力。小孩子从小就非常喜爱生物，这是他们的天性。你们毕业后，当上了中学老师，可不能把生物教成‘死物’噢!”名师的教诲，永远铭记心头。是呀！我想，我是个生物老师，是向学生传授生命科学知识的，如果将有生命力的生物课上成了死气沉沉的“死物”课，学生听得头痛、讨厌，就无法达到教学目的，那就是教师在教学上的彻底失败。为此，我从上第一堂课开始，就以教活生物课为目标，不断探索，不断总结经验。

（一）让学生多接触大自然中的生物

“百闻不如一见”，这句老话极其通俗地揭示了人们认识事物的客观规律。人们的理性认识是以感性认识为基础的。大量的感性认识的积累，产生飞跃，上升为理性认识。基于人们认识的一般规律，结合生物学科的特点，我认为在中学里要讲好生物课，需要千方百计通过各种渠道引导、组织学生去多多接触、观察大自然中形形色色的生物。当我这样做了后，发现同学们由于对某种生物有着活生生的直感，听起课来对讲课的内容容易接受，容易理解得多了。在观察某种生物时，我又向他们提出一些问题，要求他们去思考，这样就极大地激起同学们迫切要求认识某种生物的求知欲。在上课时，我又在课堂上运用启发式的教学方法，在实验室内用讲与做并举的教学方式，通过一堂课圆满地解答了同学们头脑里的各种疑点，达到了教与学在内容要求上的最佳结合，师与生在感情投入上的最佳融合。从而取得了教学目的上的最佳效果。

引导、指导学生广泛接触、观察大自然中的生物，不但可以有效地提高教学质量，而且还可以避免学生进入生物学科的认识误区。例如，为什么有的学生在已经学过苔藓植物后，还认为葫芦藓长得像狗尾草那么高；为什么有的学生在已经学过原生动物草履虫后，直到他们在做草履虫的实验，用显微镜观察时，才恍然大悟：原来草履虫是这么小啊！产生这些错觉的原因，就是学生过去只看挂图、模型，而未见实物的缘故。

（二）教师要到大自然中去考察

引导、组织学生去大自然中观察各种生物，总是会受到时间、条件的限制，不可能很全面。为此，作为一名生物教师，就要利用各种机会，去广泛考察大自然中的大量生物和生物现象。把考察了解到的大量资料，经过筛选、整理、加工，有机地融进讲课内容中去。这样，就充实了讲课中的感性材料，间接地弥补了学生缺乏感性认识的缺陷。同时，由于教师自己通过实地考察，掌握了第一手材料，拓宽了知识面，讲起课来就能更为生动、具体，极大地吸引了学生的注意力和增强了学生的学习兴趣。

在讲扁形动物血吸虫这节课时，我随教研组的同志走访、考察了解放前血吸虫病高发地区，利用青浦县任屯村收集到的大量资料，结合教材内容，上了一堂生动感人的生物课。当讲到血吸虫生活史时，将收集到的血吸虫的中间宿主钉螺实物标本展示给学生；当讲到血吸虫病对人体的破坏时，展示血吸虫病病人被切除的肿大脾脏的挂图；特别是讲到血吸虫病对劳动人民和社会的严重危害时，我非常激动地叙述了任屯村解放前血吸虫病的血泪统计资料。任屯村由于血吸虫病的流行，加上当时国民党政府的腐败，置劳动人民的死活于不顾，1930 年全村 360 户 960 人，到 1949 年解放前夕，全村只剩下 263 户 461 人，而幸存下来的 461 人中，就有 449 人患有血吸虫病。患病率在 97.4% 以上，像吴阿大一家那样只剩一人的，全村就有 28 户，全家死绝的，有 121 户。解放后，人民政府派出了医疗队，抢救了大批晚期病人；为了彻底消灭血吸虫病，政府拨款打井，营造无害化厕所，组织力量消灭血吸虫繁殖的主要媒介——钉螺。经过几年的努力，解放前奄奄一息的任屯村，枯木逢春般地成为生机盎然的新农村。在介绍上述新旧社会鲜明对比的资料时，我还引用了毛主席《送瘟神》的光辉诗篇，毛主席的诗词感人肺腑，深深地激起同学们的共鸣。一堂生物课不仅让学生学到了专业知识、而且还接受了一次社会主义制度优越性的教育。

（三）收集、整理资料为讲课服务

教师自己亲自去实地考察，当然要受条件的限制。为此，我又经常注意收集报章杂志上发表的有关文章，把这些资料按植物、动物、生理卫生、高中生物学四门课程归类装订成册，并在每册资料前编了索引，供备课时选用。这样做的结果，一方面丰富了讲课的内容，有利于把教材讲活；另一方面又可以把有关学科发展的新信息传辅给学生。当我讲蝗虫一节时，引用了明朝诗人郭敦《飞蝗》诗中二句："飞蝗蔽空日无色，野老田中泪垂血。"使学生对蝗虫的群居习性和强大的飞翔力有了较深的理解，同时也突出了蝗虫用咀嚼式口器摄食的特点，它们飞到哪里，哪里的庄稼就被一扫而光，颗粒无收，给农民带来深重的灾难。在讲生物工程时，我向学生介绍了最新科技事例：我国农科院的研究人员成功地将一种抗虫基因导入玉米原生质体，培育出具有抗虫能力的玉米植株，为农业增产提供了新的途径。在讲这个事例时，我还强调要求学生树立科技是第一生产力的观念。当我讲到生物资源保护时，向学生讲述了我国政府在遍及全国30多个省、市、自治区建立了400多个自然保护区的情况。目前，我国已有长白山、鼎湖山、卧龙、梵净山、武夷山、锡林郭勒草原、新疆博格达峰和神农架等8个保护区，加入了国际生物圈保护区。在讲内分泌系统甲状腺一节课时，我把一篇关于"傻子村"的报道文章的生动内容讲给学生听。在我国东北地区完达山麓桦川县有个村庄叫集贤村。这个村的村民不是粗脖子就是傻子。据1978年统计资料记载：全村255户，共1 313人，患地方性甲状腺肿大症的有859人，克汀病（痴呆症）患者150人，给村民带来了极大的痛苦，也严重地威胁着农业的生产和发展。为什么这个村地方病如此严重呢？我结合专业知识进行讲解，甲状腺疾病发病的主要原因是缺碘，进一步分析，向学生讲述了我们正常用水每升含碘在10～200微克，当每升含碘低于5微克时，就会患地方性甲状腺肿，即粗脖子病，每升含碘低于1微克时，就会生克汀病，即痴呆症。而集贤村的井水，每升含碘量不足1微克。这就是集贤村居民患粗脖子病和痴呆症多的根本原因。接着我还向学生介绍了党和政府对地方病防治工作的重视情况。当时担任中共中央北方防治地方病领导小组组长的李德生将军，曾专程前往集贤村，进行视察和慰问。组织有关部门积极抢救治疗。并针对发病原因，拨专款在村里建造了一个符合饮水标准的自来水厂，改善水源，彻底解决了这个村甲状腺疾病发病的根源，使患病的村民们逐步得到了康复。为了感谢党和政府，村民们在水塔上镌刻了一副鲜红的对联："感谢党赐甘露水，病乡枯木喜逢春。"上完这一课，学生们对甲状腺的机能，甲状腺素的形成是不可缺碘的知识，有了一个深刻的印象。

在收集、整理、运用有关资料时，我着重注意如下三点：第一，选材要有针对性，必须符合教材的教学要求，就是能帮助学生加深理解教学目标中规定的知识点。切忌为了追求“热闹”，把五花八门未经证实的资料，都搬进课堂；第二，要对材料进行必要的加工。选材时要取其精华，使其成为一篇思想性、科学性、趣味性融为一体的材料，而后才组织到教学中去。切忌为了显示自己的水平，把高深的科技理论漫无边际地搬进课堂；第三，要注意材料的时效。所收集的资料必须记下时间和出处，切忌把已经过时或已被新的信息代替了的资料搬进课堂。总之，在讲课时选用课外资料要起画龙点睛的作用，防止发生画蛇添足的现象，要对学生负责，以免误人子弟。

（四）制作简易教具，解决教学难点

在教学实践中，常常会遇到一些难点。要解决这些教学中的难点，仅仅依靠教材、实物标本、模型挂图、幻灯录像，有时也难以讲好、讲清楚，学生也难以听懂弄通。为此，我亲自动手，研究制作了一些形象而简易的教具。通过对这些教具的演示，难讲难懂的内容常常迎刃而解。在讲述叶芽的结构和展放时，叶芽究竟是怎样发育成枝条的？由于这是一个动态的现象，学生难于从自然界一下子具体地观察到全过程。所以，我在教学时，除了采用挂图、模型和分发新鲜的叶芽给学生观察外，还制作了叶芽的展放教具。这个教具是利用可收缩的天线杆和新鲜带侧芽的叶片制作而成的。制作方法很简单，将带侧芽的叶片分别绑扎在天线杆的每节交界处。天线杆收缩后即成叶芽，拉伸后就成枝条。在课堂上，边讲解边演示，说明每到春季气温转暖，养料充足，芽轴顶端的生长点细胞开始分裂，使芽轴渐渐伸长发育成茎。与此同时，芽原基也渐渐发育成顶芽或侧芽，叶原基则渐渐发育成幼叶进而发育成叶。这样，利用自制教具边讲边演示，把一个复杂的生物生长过程形象化地展示在学生面前，学生自然容易听懂这一复杂的过程。从而建立了叶芽就是枝条的雏形的概念。当讲解新陈代谢的最终产物尿液的形成过程时，我发现学生感到很抽象，难以理解。要讲尿液的形成，就必须讲清肾单位的构造和作用。为此，我制作了一个形象化的肾单位教具。这个教具是用安全漏斗（化学实验用的玻璃制品）、塑料薄膜和红绳等制成的。通过这个教具的演示，让学生对肾单位的构造有个形象化的认识，然后讲清原尿是怎样通过肾小体的过滤作用而形成的，尿液又是怎样通过肾小管的重吸收作用而形成的。这样，学生听起来就感到容易多了。我在中学生物课教学中，还制作过筛管、肺的呼吸、动脉瓣、水螅体型、涡虫等多种简易教具。我制作的教具的特点是：取材方便，制作简易，经济实惠。这些教具在教学中，都起到了学生理解教材时画龙点睛的作用，收到了较好的效果。1981 年英国教育专家梅约翰（John May）先生受联合国教科文组织的委派来我校讲学时，对我所制作的简易教具产生了浓厚的兴趣。他在给联合国教科文组织的报告中，专门提及此事，并表示回国后，他将把这些简易教具推荐给英国的中学生物教师。

二、在“精”字上下功夫

教师是培养国家栋梁之材的园丁，是人类精神文明大厦的建筑工程师。国家“四化”建设离不开教师源源不断地培养和输送人才；人类社会文明得以延续和发展，也离不开教师。我在教学实践中深深感到，党和人民对我们教师寄托着莫大的期望。如何当好一名人民教师？仅有主观愿望是远远不够的，还必须做到育人先育己，练就一套过硬的本领，精益求精地备好课，上好课。这和只有谙熟园林工艺才是好园丁，只有精通建筑施工工艺才是出色的建筑工程师一样。

（一）心里藏有一本账——教学大纲和教材体系

教学大纲是根据教学计划所规定的各个学科的教学任务而制定的教学指导性文件。教学大纲是编写教科书的依据，也是教师领会教材、选择教学方法和组织全部教学工作的重要依据。为了讲好课，我反复学习中学生物教学大纲，吃透精神。根据大纲的精神，对教材体系进行系统的分析，就教材体系的整个内容，做到横向知识分类，纵向知识连贯。

横向知识分类，就是把教材中某项知识，根据大纲的要求，分别排出重点知识、必需知识和一般知识。重点知识是指本单元教材中的主体部分的关键内容。从生物课程来看，结构和生理是重点知识，结构是为理解生理功能奠定基础的，因此，在教学中应围绕生理功能，把生理知识作为重点中的重点。必需知识不像重点知识那样起着直接的作用，但对学生的生活或是对后面的学习，仍然起着一定的关联作用。它们有的是对重点知识的扩大和加深，有的是有关联系实际的知识。一般知识只需作一般性的了解。在一般知识中，有些内容从科学知识本身来看虽然很重要，但大纲未作要求，因此也列为一般知识。现将有关知识的分类情况，举例如下：

内容	重点知识	必需知识	一般知识
种子	种子的结构，种子的成分，种子的萌发、休眠和寿命	种子萌发的状况	幼苗出土状况与确定播种深度的关系
叶	叶的结构、光合作用、呼吸作用、蒸腾作用	叶的形状（叶片、叶脉、单叶和复叶、叶序、变态叶）	叶镶嵌，秋秋季叶片变黄成变红的原因，阳生叶和阴生叶
原生动物	草履虫的形态结构，草履虫的生理	原生动物门的主要特征，动物和植物的主要区别	草履虫的采集和培养，其他原生动物
蜜蜂	蜂王、雄蜂、工蜂的形态特点和生活习性，蜜蜂的复杂行为，蜜蜂生殖和发育的特点	蜜蜂的群体生活，分蜂，膜翅目的主特征	养蜂的经济意义，赤服蜂在昆虫师里营寄生的重要作用
人体泌尿系统	排泄的概念，泌尿系统的结构和功能，尿的形成	尿的排出	
遗传物质	物质基因和 DNA，DNA 的双螺旋结构，DNA 的复制	基因突变和人类分子病	DNA 和蛋白质的合成

纵向知识连贯就是把各个阶段的知识，以生物的基本特征作为一条基本线索，贯穿起来。初中阶段的植物学和动物学知识，侧重于生命现象。高中阶段的生物学知识，则侧重于生命活动的共同规律和内容。教学大纲指出：初中和高中两个阶段所学的生物学基础知识，既有所分工，又互相衔接。高中生物学是初中生物学知识的综合、概括和提高。为此，我在处理初中和高中两个阶段的知识关系上，以生物的基本特征为线索，在贯穿这条线索时，把握了不同年级的要求层次。例如，学生对生物的基本单位，细胞知识的认识。首先，在学习植物学时，知道了植物细胞在光学显微镜下的显微结构及其功能；其次，在学习动物学时，了解了动、植物细胞的区别；再次，在学习生理卫生时，进一步了解到人体细胞的多样性。到了高中阶段，通过生物学教学，可以把学生的认识提高到亚细胞水平和分子水平。又如，在初中的植物学教材中，虽然没有出现生命的基本特征—新陈代谢这个极其重要的概念，但实际上在植物学课中讲到种子萌发时，有关营养物质的转化和呼吸作用的加强及以后讲授的“根对水分的吸收”、“根对无机盐的吸收”、“叶的光合作用”、“叶的呼吸作用”等内容时，我都围绕着“新陈代谢”这个概念，讲授了一些基础知识。又在讲授呼吸作用与光合作用的关系时，对这些知识进行了概括和总结，即呼吸作用与光合作用具有相互依存的关系。同样，在动物学课中，通过对各门动物的消化、呼吸、循环、排泄等生理内容的讲授，也让学生对动物的新陈代谢有比较深刻的理解，“新陈代谢”这个概念，是在生理卫生课中集中形成，并在高中生物学中再加以概括提高的。再如，关于“遗传”和“变异”的概念，在讲植物进化的原因时，向学生提到：为什么种瓜得瓜，种豆得豆呢？这里阐明：因为任何一种植物的后代与它的亲代总是基本相似的。这种现象，就叫做“遗传”。亲代与后代或者后代不同个体之间的差别，这种现象，就叫做“变异”。但到了讲授高中生物学时，则揭示了生命的基本特征之一，遗传和变异的物质基础及其规律性。

吃透了大纲精神，掌握了教材体系，使整个生物课的教学过程循序渐进，前后连贯，互相呼应，互相联系，只有这样才能使学生在掌握知识的广度和深度上符合大纲和教材的要求。

（二）眼中要有教学对象——了解、指导学生

教学过程是在教师的引导下，让学生自觉地、积极地参加学习的过程，是师生双方统一活动的过程。因此，我们既要研究教师教的规律和方法，又要研究学生学的规律和方法。尤其是对后者的研究更为必要。因为只有在教师的“教”这个外因的作用下，才能充分调动学生的“学”这个内因的作用，使他们既喜欢学、又善于学。我的具体做法是：

1. 抓学习目的性教育

学生由小学进入中学后，他们对学习生物学有种种想法，有的学生拿到新的教科书，就如饥似渴地翻阅起来。他们谈到，在小学上自然常识课时老师经常让他们观察动、植物。这些学生，对生物课是很感兴趣的。有的学生则无所谓，他们认为课程表里既然安排了生物课，那么总是要学习的；还有的学生认为，生物课不重要，爸爸妈妈关照过，进人中学后，一定要学好语文、数学、外语课，生物课只要过得去就行了。学生有不同的思想，就必然会在学习上有不同的学习态度。教师应该根据不同对象，有针对性地进行学习目的性教育，帮助他们排除思想上的障碍，变“要我学”为“我要学”，变被动为主动。我深有体会，每门课的绪论课，是进行学习目的性教育的好时机。所以，我是很重视讲好绪论课的，充分备课，找大量参考资料。上课时，从生物与人的衣、食、住、行的关系，从分子生物学、仿生学等现代生物学的发展对“四化”建设的作用等方面，阐述了生物课程的主要内容。我们为什么要学习这门课？学习这门课，对人们生活、社会发展有什么现实意义？这样，一开始就吊起了学生的“胃口”，激发起他们对生物学的极大兴趣，从而为树立起为“四化”建设而学的信念打下基础。在明确了学习目的基础上，向学生们提出“认真听课、仔细观察、积极思考、刻苦钻研、灵活运用”的学习要求，就易于为学生所接受并得到贯彻。当然，学习目的性的教育，不是只靠一次绪论课就能完成的，还需要使之贯穿到各章节的教学中去。结合教材内容，介绍国内外生物科学的新成就；组织学生观看生物教学电影；参观自然博物馆、植物园、动物园；介绍中外生物科学方面的伟大科学家，如李时珍、达尔文等，为了人类进步和社会发展，毕生从事科学研究

的生动事例，从而扩大了学生的视野，激发了学生热爱生物科学的热情，使之产生对学习生物知识的强烈求知欲。由于我在生物教学中重视了对学生的学习目的性教育，尽管当前生物课还不是主课，但我所教的学生大部分学习态度端正，学习积极性相当高，效果也相当好。效果的表现不单纯是反映在学习成绩上，更重要的还在于通过学习目的性教育，使学生在头脑中树立起从小爱科学，长大攀高峰的崇高理想和雄心壮志。

2. 抓学习方法的培养

对学生进行目的性教育的同时，还必须重视对学生进行有关学习方法的指导和培养。在教学中，往往在考查前的复习课上，有的学生会要求教师按教科书的顺序划出重点，然后去死记硬背来应付考查。死背书的方法是教学中最忌的方法，特别是生物学科。它将严重地妨害学生把生命科学知识真正学到手，更有碍于学生能力的培养。为了对“四化”建设事业接班人负责，不辜负人民的重托，我决心转变学生这种不良的学习习惯，把培养学生的科学的学习方法，列入重点教育内容，通过抓学习方法的培养，使学生摆脱死记硬背的学习方法，掌握理解后记忆的符合科学的学习方法。例如，我在指导学生观察生物时，对不少学生单凭好奇心、走马观花的现象，及时进行纠正，并指出这样的观察方式，是不可能通过感官获得直观的知识或数据的。要求他们树立认真仔细、积极思考、实事求是的正确态度。根据生物学科的特点，在观察中，应注意的几个方面是：第一，生态系统，即生物与生物、生物与环境间的相互关系；第二，生物体的形态结构与生理机能的统一；第三，生物体局部与整体的关系。在指导学生观察图片或模型时，要求学生弄懂各种切面的方向以及放大比例等关系。观察平面图时，要建立立体的概念。在学生观察生物后，我还要求并指导他们怎样记好观察记录，自行设计图表、写小论文等等。在生物课上，指导学生广泛地观察生物只是一种手段，目的是让学生观察各种生物后，增加感性知识，通过思考，上升到理性认识，获得正确的概念。为实现这一目标，我不是简单地采用教师宣布结论的做法，而是要求学生自己作尝试性解释。这样做，从全班范围来看，尽管学生的水平参差不齐，所得结论有正确的、有片面的、错误的，但通过集体讨论、讲评，集思广益，最终都能得到正确的结论，从而培养和提高了学生的想像力、创造力和思维能力。这样，学生对获得的概念或结论，印象深刻得多，掌握的知识牢固得多。在学习方法上，我还强调阅读教科书，自觉养成预习的习惯。对学习成绩优异的同学，帮助他们总结学习经验，并利用课堂、班会、黑板报、学习园地介绍他们的经验，使他们中好的学习方法及时得到推广。由于我重视培养学生的学习能力，在掌握科学的学习方法后，学生们普遍获得了较好的学习效果，并在学生中产生了广泛的影响。1988 年教师节，有个班级的同学给我的贺信中是这样写的："虽然现在您已经不教我们了，但我们还是时时记起您为我们上动物课的情景——生动的讲解、严格的要求，在我们心中留下了深刻的印象。现今，我们只要想起您，便自然而然地想起了许多难记的名词——分类上的，主要特征的，器官的……我们惊喜地发现，我们竟记得那么牢，至今未忘。这不正是您辛勤栽培、教育的结果吗？我们决不会辜负您的期望，我们一定会努力学习，准备为'四化'建设多做贡献。"同学们在贺信中表达的感情是真诚的、恳切的，作为一名生物教师的我，深受鼓舞。

3. 抓基本技能的训练

生物学科是一门实验性科学，在教学中必须通过大量实验，使学生对生命现象及其本质有所认识。不仅应完成教学大纲所规定的实验内容，还应克服困难、创造条件，让学生能多做些实验。为了做好实验，取得预期的效果，就要训练好学生做实验的基本技能，在一定的期限内，达到规范化的要求。学生的基本技能不过关，必然会使实验流于形式，甚至出现科学性错误。例如，学生在观察细菌三态的装片时，操作的显微镜的目镜镜头没有对准，而是对着载玻片和盖玻片之间的缝隙，把脏物当细菌；有的学生在观察自己制作的细胞简易装片时，把气泡误认为是细胞；有的学生在解剖蚯蚓时，基本功不过硬，一剪刀下去，体壁连同肠壁一起剪开，致使满体腔都是泥。为了做好实验，就必须对学生的基本技能进行严格的训练，以保证实验的质量和效果，对此，我重点抓了显微镜的操作、动物的解剖、简易装片的制作、绘图等方面的基本技能训练。在训练中我的做法是：

（1）提出目标。首先必须向学生强调指出掌握基本技能对学好生物科学的重要性，其目标要求是在一定的期限内，通过考核，要达到操作规范、熟练，这样做，对学生的鞭策作用很大，促使他们平时能高标准、严要求地投入训练。我们用开放实验室的办法，让他们在课余时间继续操作，一直到达标为止。

（2）端正态度。学生对基本技能的操作训练是很感兴趣的。开始时，有的学生敢于大胆动手，但比较粗心，有的学生胆子很小，特别是在解剖动物时，缩手缩脚。我向学生提出要胆大心细，并及时表扬一些操作符合要求的学生。每次实验前，要做思想工作，如解剖蟾蜍前，就有必要解除学生的种种顾虑，使其胆大心细地投入实验操作的全过程。

（3）从严训练。在基本技能操作的训练中，只有从严要求，才能达到规范化，提高操作速度。为帮助学生尽快地掌握操作技能，在备课时，结合学生容易忽视的方面，我把复杂的操作顺序编成简单明了、容易记忆的使用（操作）须知，便于学生记忆运用，收到了事半功倍的效果。例如：

使用光学显微镜须知

1. 使用低倍显微镜

（1）对光要准：

①物镜要对准通光孔；

②光圈要打开；

③反光镜要转向光源采光。

（2）装片内的观察目标要对准通光孔；

（3）调节焦距要准：

①眼视物镜，调节粗准焦螺旋，使镜筒渐渐下降，至物镜接近玻片；

②眼视目镜，调节粗准焦螺旋，使镜筒渐渐上升到所观察的物体清晰为止。

2. 使用高倍显微镜

（1）先将低倍物镜选准的目标，移至视野正中

（2）换用高倍物镜

（3）用细准焦螺旋调节焦距

在训练学生使用显微镜时，我特别要求学生学会两眼观察，能同时绘图。提醒学生，在显微镜下观察到的物像是倒像，上下左右是相反的，移装片时，

应向相反方向操作。

解剖动物须知

神经（系统）位于腹，背面剖；
神经（系统）位于背，腹面剖。
中线偏左或偏右，
为保内脏的完整，
剪刀头上下工夫。

记牢本“须知”，就可以让学生掌握什么动物应该从背面剖，什么动物又应该从腹面剖。剪口必须在中线的偏左或偏右。

制作简易装片须知

一滴清水量适中，
取材适量是关键。
正确盖上盖玻片，
防止气泡一大堆。
染色方法要规范，
装片清晰看得清。

绘图须知

位置适当，
图形正确，
比例科学，
线条清晰，
明暗示点，
注字整齐。

(4) 考核达标。我将实验操作的规范和熟练程度，列入考核范围，同时明确指导思想：在考核中要相信和依靠学生自身的力量，充分发挥学生的主体作用。具体采用的是依靠学生骨干的力量，用课内外相结合的方式。在一节课内，让同桌的两位同学互相考核。当然，有的项目要教师亲自过目验收，有的项目则结合平时的实验予以评价，如有关解剖、装片制作和绘图等。

学生是教学中的主体，学生的学习态度、学习方法和基本技能等因素，直接影响着教学质量。教师在教学中要发挥主导作用，要全心全意地为学生服务。所以，教师在教学活动中要深入了解学生的思想，掌握学生的情况，有意识地、有针对性地通过各种渠道，教育、指导学生端正学习态度，掌握学习方法和提高基本技能。一句话，就是要抓好学生素质的教育。学生的素质的增强，保证了教学质量的不断提高和教学改革的顺利推行。

（三）灵活运用教学方法——内容与形式的统一

古今中外的教育家创立了不少有效的教学方法，为我们借鉴、应用，提供了充分的条件。我在运用教学方法时，做到内容与形式的统一。根据教材不同性质的内容和学生的实际情况，运用不同的教学方法。如果脱离了教材和学生的特点去生搬硬套某种教学方法，其教学效果肯定是令人失望的。生物学的内容是多种多样的，所以需要采用多种组织形式和方法。因此，我在运用教学方法时，更加注重灵活性和创造性。

植物学教材中，包括有关形态、结构、生理、分类、类群、进化、群落等不同内容，我就其不同性质的内容，采用不同的教学形式和教学方法。

植物形态部分的内容，在教材各章内的地位。虽然不属重点，但掌握好这方面的知识，却能为进一步了解植物的内部结构与生理功能打下基础。我是很重视上好形态知识课的。上课时，把实物材料分发给学生，让他们仔细地观察、比较、辨析它的特点，以求真正识别植物，并了解植物体的形态与环境相适应的辩证统一关系。

有关结构与生理功能的内容，在教学中，切忌把两者内容完全割裂开来的教法。我是从生理实验人手，对结构和生理功能两节教材内容重新组织，将其糅合在一起，并以生理功能为中心进行教学的。这样，就把结构讲“活”了，也便于学生真正理解结构与功能的统一。

绿色开花植物中“受精和果实种子的形成”这节内容是教材中的重点和难点。这一生理过程是很复杂的，在日常生活中又见不到、摸不着。我在教学时，先让学生带了问题预习教科书上的有关内容，并观察花粉管萌发装片，然后展开讨论。在讨论过程中，我有意识地提出若干思考题，引导、启发学生深入讨论。在这节课的讨论中，我出了如下四个思考题：①雌蕊成熟后，柱头上有什么现象产生？②花粉落在柱头上以后，它是怎样萌发的？（花粉管里有几个细胞？它们叫什么名称?）③胚珠的构造是怎样的？（胚珠内共有几个细胞？其中哪些细胞特别重要？它们叫什么名称?）④两个精于进入胚珠后，又发生了什么现象？这种现象叫做什么？结合学生的讨论，我以边讲边画板图的形式，帮助学生对绿色开花植物双受精现象的特点及果实、种子形成知识的理解。在学生们理解的基础上，为了归纳本节课的重点，我设计了一个表格，让学生填写，以巩固学习成果。

必要步骤	1. ________ 2. ________（一外个精了与______融合， 另一个精子与______融合）
形成过程	________发育成果实 ______发充成种子 { 种皮由发育而成 胚　由发育而成 胚乳由发育而成 }

配合这节课，我还有选择地组织学生观看“花的秘密”、“花为谁开”以及“带翅膀的媒人”等有关的科教片。

植物学教材中，绿色开花植物的几个科一章编入了10个科的植物，要讲好这章植物分类知识，使学生掌握6~8个科植物的形态特征，并加以区别，是有一定难度的。若照本宣科，教学效果肯定不会好。若只用实物、挂图演示，也难使学生真正掌握。我采用让学生亲自解剖花和完成花的粘贴作业，通过解剖去识别、辨认、区分。这样，才能让学生真正掌握分类知识，并将所学知识运用到实际中去。

在“裸子植物——松”这节课上，我根据校园内裸子植物较为丰寓的有利条件，采用了把课堂搬到校园，在现场实地上课的形式。在校园里，那时松树的新枝已形成，雄球花已成熟。同学们高兴地收集到了花粉，在显微镜下观察每粒花粉的两个气囊，在松树上又找到了雌球花和成熟的球果。在球果的每片鳞片上，可找到两个带翅的种子，而有的鳞片上的种子，早已在风的帮助下散布开了。通过边观察、边讲解的形式，学生们对裸子植物的受精已脱离了水的限制，印象特别深刻。另外，也扩大了学生的眼界，他们认识了校园里种植的许多裸子植物。如马尾松、黑松、罗汉松、水杉、柳杉、银杏、苏铁、侧柏、龙柏、雪松等。在室外上课，教师要事先进行实地考察，选择几个小区，规划好行走路线，并针对实地情况，认真备好课。根据在校园内上课环境杂、学生的注意力容易分散的特点，在课前要对学生做好思想动员，要求学生遵守纪律，听从指挥，以保证获得最佳的教学效果。

一堂课 45 分钟，是个常数。如何充分发挥这 45 分钟时间的效能，这完全与教师的主导作用分不开。这很像舞台上，演员演出一出戏，出色的编导，可以在有限的空间和时间内，让演员演出一台内容丰富、感人肺腑的精彩戏剧。同样，在课堂这个舞台上，教师好比编导，他要充分发挥主导作用，把握好教材内容，灵活地创造性地运用教学方法，这样，就可以把 45 分钟的一堂课，讲得有声有色，使课堂教学充满了活力，取得良好的效果。从而，逐步引导学生不断攀登知识的高峰。